lonely planet

DE CERCA
GLASGOW

Neil Wilson

Sumario

Arriba: estatua del duque de Wellington (p. 86), Royal Exchange Square.
Abajo: Palacio del Pueblo (p. 63), Glasgow Green.

Puesta a punto 4

DESDE ARRIBA IZDA.: VICKI_SMITH/SHUTTERSTOCK ©, KENSOFTTH/SHUTTERSTOCK ©

El viaje empieza aquí

Con una encantadora mezcla de sofisticación y sentido del humor, la mayor ciudad de Escocia se ha convertido en las últimas décadas en una de las metrópolis más interesantes de Gran Bretaña. Sus edificios victorianos –legado de un próspero pasado industrial y comercial– le dan un aire serio a la ciudad, pero nada más lejos de la realidad: las calles están llenas de bares, restaurantes y una de las mejores escenas de música en directo de todo el Reino Unido. En sus famosas tiendas de ropa se puede comprar desde moda italiana a ropa de segunda mano, y sus museos y galerías de arte –una muestra fascinante del patrimonio industrial de Glasgow– son de primera.

Neil Wilson
@neil3965
Nacido y criado en Glasgow, Neil es escritor de viajes; vive en Perthshire y lleva más de 25 años escribiendo sobre Escocia para Lonely Planet.

Kelvingrove Art Gallery & Museum (p. 120).

LO MEJOR

Experiencias gastronómicas

Glasgow es el mejor destino de Escocia para los amantes de la comida, con una gran variedad de restaurantes y cafeterías. El centro gastronómico es el West End, aunque en Merchant City también hay varios establecimientos de mucha calidad.

En **The Ubiquitous Chip** se puede catar la mejor cocina escocesa; un lugar pionero que lleva desde 1971 utilizando ingredientes y productos de origen local. (p. 132)

Nada como el esplendor victoriano del **Corinthian Club** en Merchant City para darse un homenaje con un té de la tarde con champán. (p. 91; foto)

El plato más popular de Glasgow –y Escocia– no es el *haggis,* sino el pollo *tikka masala,* y el restaurante donde se inventó está aquí: el **Shish Mahal.** (p. 135)

Para disfrutar del mejor pescado y marisco escocés sostenible en un acogedor entorno de estética náutica, hay que ir a **The Finnieston** (p. 138; foto).

El **University Café** es el lugar elegido por los universitarios de la ciudad para curar sus resacas con un huevo frito y patatas. (p. 137)

Dcha.: University Cafe (p. 137).

VERRECCHIA
FOR
CREAM ICES
FOR
TEAS AND COFFEE
CAPPUCCINO
PINEAPPLE FIZZ
SUPER FRUITS
ESPRESSO
COFFEE
£1·90
WHITE OR BLACK

LO MEJOR

Vida nocturna

La gente de Glasgow es famosa por su afición al alcohol, y los *pubs,* bares y discotecas de la ciudad son de los mejores de toda Gran Bretaña para salir por la noche.

Para conocer algunos de los mejores bares del West End y al mismo tiempo aprender algo sobre la bebida nacional escocesa, nada mejor que un circuito guiado de **'whisky'.** (p. 135)

El **Horse Shoe Bar,** uno de los *pubs* más antiguos y populares de Glasgow, es perfecto para tomarse una pinta (o dos) de auténtica *ale.* (p. 53)

Las bóvedas de ladrillo rojo de **Platform** en Central Station son perfectas para tomarse una copa antes de salir a la pista de baile de **New World.** (p. 49)

El sábado por la noche las calles del centro de la ciudad se llenan de gente haciendo un **recorrido por los 'pubs' de Bath Street.** (p. 47)

En el legendario **King Tut's Wah Wah Hut** se puede escuchar música en directo de las bandas emergentes de Glasgow. (p. 50; foto)

Dcha.: Bath Street (p. 47).

BATH STREET
CSS
THE GRIFFIN
NEW
THE STAGE DOOR
PRIVATE PARTIES | MEETINGS | EVENTS

LO MEJOR

Ocio

Glasgow es la capital del ocio de Escocia, con música clásica, teatro, *ballet* y locales de música en directo. Para disfrutar de esta escena cultural, lo mejor es consultar What's On Glasgow *(whatsonglasgow.co.uk)*, una guía del ocio (gratis) muy útil.

La hora del almuerzo es también momento para ir al teatro, una idea con mucho éxito en Glasgow desde que se introdujo en el 2004. **'A Play, A Pie and A Pint',** en el Oràn Mór, es una obra legendaria en la ciudad. (p. 138)

Muchos humoristas de fama internacional provienen de Glasgow; **The Stand** es el club de comedia más conocido. (p. 136; foto)

Glasgow Music City Tours ofrece circuitos sobre la fascinante historia musical de Glasgow. (p. 89)

En **City Halls** se puede disfrutar de una noche inolvidable de música clásica. (p. 87; foto)

La participación del público es inevitable en las comedias musicales navideñas del **Pavilion Theatre.** (p. 46)

Dcha.: Pavilion Theatre (p. 46).

PAVILION
PAVILION
The Scottish National Theatre of Variety

LO MEJOR

Museos

Durante la época victoriana, cuando Glasgow era rica gracias al comercio, el coleccionismo fue una afición muy popular entre las clases pudientes, lo que explica que el legado arquitectónico de esa época venga acompañado de unos magníficos museos.

La arquitectura innovadora del **Riverside Museum,** obra de la difunta Zaha Hadid, es tan espectacular como su ubicación junto al río; el interior está lleno de tesoros de la historia del transporte. (p. 102)

No hay nada como explorar el **Hunterian Museum** en la Universidad de Glasgow; una colección victoriana perfectamente presentada. (p. 124; foto)

La industria naval de Glasgow –de las más importantes del mundo– protagoniza el **Fairfield Heritage.** (p. 111)

La **Tenement House** muestra cómo era la vida cotidiana de las clases medias a principios del s. xx. (p. 47)

Para reflexionar sobre los misterios de la vida, el amor y la muerte con la ayuda de las grandes religiones del mundo hay que visitar el **St Mungo Museum of Religious Life & Art.** (p. 60; foto)

El **Glasgow Police Museum** ofrece una muestra sobre el primer cuerpo de policía de la ciudad y la oportunidad de charlar con policías jubilados. (p. 86)

CLAUDIO DIVIZIA/SHUTTERSTOCK ©

Gallery of Modern Art (p. 81).

LO MEJOR

Arte

Desde las colecciones de los ricos empresarios industriales hasta los artistas locales cuya obra recorre todo el mundo, el arte es básico en la vida cultural de Glasgow.

Las eclécticas muestras de la **Burrell Collection** abarcan un amplio abanico de temas. (p. 98)

Para ver obras maestras europeas –como el *Cristo de san Juan de la Cruz* de Salvador Dalí–, hay que ir al **Kelvingrove Art Gallery & Museum.** (p. 120)

La **Hunterian Art Gallery** es el lugar perfecto para ver la obra de los Glasgow Boys and Girls, los Coloristas Escoceses y James McNeill Whistler. (p. 126)

Nada como las exposiciones de la **Gallery of Modern Art** para deshacerse de prejuicios sobre qué es una obra arte y qué no lo es. (p. 81)

En una visita guiada por las **City Chambers** se puede ver obras maestras de EA Hornel, murales fascinantes de los Glasgow Boys y retratos de antiguos alcaldes. (p. 74)

LO MEJOR

Aventuras al aire libre

Glasgow es conocida como "querido lugar verde" por sus numerosos jardines y parques, con lugares donde escapar del ajetreo urbano, disfrutar de un pícnic o relajarse dando un paseo (a pie o en bici).

Desde el embarcadero del Riverside Museum salen los circuitos de **Seaforce Powerboats** para ver la ciudad desde otra perspectiva. (p. 110)

Nada como alquilar una bici y recorrer el Clyde Walkway hasta **Cuningar Loop,** con un parque de escalada donde practicar este deporte. (p. 112; foto)

En las rutas a través del bosque en **Pollok Country Park** se puede ver ardillas. (p. 98)

El invernadero del **Kibble Palace** en el Jardín Botánico del West End es perfecto para pasear entre palmeras y plantas tropicales. (p. 132; foto)

El histórico barco de vapor **PS 'Waverley'** ofrece cruceros por el Firth of Clyde a las islas de Cumbrae, Bute y Arran. (p. 112)

En la ruta **City Centre Mural Trail** se puede ver obras de arte y, a la vez, hacer ejercicio. (p. 87)

Dcha.: PS 'Waverley' (p. 112).

LO MEJOR

Vistas con historia

Desde las antiguas lápidas de piedra tallada Govan hasta la majestuosidad gótica de la catedral pasando por los aires victorianos de la Necrópolis y el chapitel de la universidad, está claro que la historia de Glasgow está escrita en piedra.

Las **piedras Govan** son preciosas reliquias talladas del antiguo reino de Strathclyde. (p. 110)

No hay que perderse el esplendor medieval de la **catedral de Glasgow** y sus criptas. (p. 57)

En la **Necrópolis de Glasgow** hay monumentos victorianos con bonitas vistas de la ciudad. (p. 61)

Las contribuciones que ha hecho Glasgow a la ciencia médica están expuestas en el **Friends of Glasgow Royal Infirmary Museum.** (p. 67)

Tras un bonito paseo por los patios interiores del edificio Gilbert Scott de la **Universidad de Glasgow,** nada como las bóvedas y columnas góticas del claustro para hacer la foto perfecta. (p. 133)

Necrópolis de Glasgow (p. 61).

TAKASHI IMAGES/SHUTTERSTOCK ©

LO MEJOR

Arquitectura y diseño

La obra de Charles Rennie Mackintosh convierte la ciudad de Glasgow en el destino perfecto para quienes disfrutan de la arquitectura y el diseño. Su legado está repartido por numerosos rincones de la ciudad con el esplendor victoriano de fondo.

La **House for an Art Lover** es la ejecución de un diseño de Mackintosh que no llegó a terminar en vida. (p. 106; foto)

Para apreciar la originalidad y el detallismo del arquitecto favorito de Glasgow, nada como una visita guiada de **Mackintosh at the Willow.** (p. 40)

En lo alto de las escaleras de la **Mackintosh House** hay una magnífica recreación de la casa que Mackintosh compartió con su mujer Margaret Macdonald. (p. 126)

El otro gran arquitecto de Glasgow es Alexander Thomson, y la **Holmwood House** es su obra maestra. (p. 110)

De paseo por las calles de **Merchant City** hay que mirar hacia arriba para apreciar las impresionantes fachadas victorianas, testimonio de la riqueza imperial de Glasgow. (p. 71; foto)

DE IZDA. A DCHA.: SKULLY/SHUTTERSTOCK ©, JEFF WHYTE/SHUTTERSTOCK ©

JEFF J MITCHELL/GETTY IMAGES ©

Campeonato Mundial de Bandas de Gaitas (p. 66).

LO MEJOR

Festivales

Edimburgo es famosa por ser la ciudad festivalera por excelencia de Escocia, pero Glasgow ofrece un amplio calendario de eventos todo el año: desde comedia a *ceilidhs,* música popular o bandas de gaitas, aquí hay algo para todos los gustos.

En **Celtic Connections** se plasma la esencia del invierno escocés con música celta tradicional y folk. (p. 89)

Para echarse unas risas con humoristas de todo el mundo, hay que ir al **Festival Internacional de Comedia de Glasgow.** (p. 136)

Durante el **Festival de Cine de Glasgow** se pueden ver películas de estreno. (p. 48)

WestFest es perfecto para darse un festín de música, teatro, comedia y arte durante todo el mes de junio. (p. 134)

En el **Campeonato Mundial de Bandas de Gaitas** el público se anima a bailar la giga al son de las gaitas. (p. 66)

Lo mejor para niños

En el **Riverside Museum** se puede subir a bordo de tranvías victorianos, enormes locomotoras de vapor y un barco del s. XIX. (p. 102)

Los niños más pequeños pueden explorar la zona de juegos infantil mientras los más mayores abren sus mentes con las muestras interactivas del **Glasgow Science Centre.** (p. 104)

Las extrañas y maravillosas creaciones del **Sharmanka Kinetic Theatre** (Teatro Cinético de Sharmanka) son perfectas para activar la imaginación de los peques. (p. 78)

En **Kelvingrove Park** hay parques infantiles, zonas de juego y una pista de *skate*. (p. 134)

Los amantes del fútbol pueden hacer una visita guiada al **Hampden Park,** el estadio nacional de Escocia. (p. 111).

Lo mejor gratis

La magnífica **Burrell Collection** tiene algunas de las obras de arte más impresionantes de todo el mundo. (p. 98)

El **Barras Market** es un mercadillo de fin de semana lleno de vida y color... y de alguna que otra ganga. (p. 66)

Después de explorar las galerías del **Kelvingrove Art Gallery & Museum** se puede disfrutar de un recital de órgano gratis a la hora del almuerzo. (p. 120)

El laberinto medieval de la **catedral de Glasgow** se puede explorar gratis; hay voluntarios que ofrecen información sobre la historia del lugar. (p. 57)

En las **City Chambers** (el ayuntamiento de Glasgow) ofrecen visitas guiadas gratis de este lujoso edificio (p. 74).

Tres días perfectos

Tanto como si solo se dispone de un día en Glasgow como si se planea pasar aquí más tiempo, hay ciertas cosas que el viajero no debe perderse.

Catedral de Glasgow (p. 57).

PRIMER DÍA

Si solo se dispone de un día

MAÑANA

Se visita la **catedral de Glasgow** (p. 57) y luego la **Necrópolis de Glasgow** (p. 61; foto). La siguiente parada es el **St Mungo Museum of Religious Life & Art** (p. 60), para luego descubrir **Provand's Lordship** (p. 66), la casa más antigua de Glasgow, y comer por Merchant City.

TARDE

Al otro lado del río está Pollok Country Park, donde ver la **Burrell Collection** (p. 98). Antes de volver al centro, merece la pena darse un paseo por el parque.

NOCHE

Tras una espléndida cena en **Glaschu** (p. 90), nada como un espectáculo en el **Pavilion Theatre** (p. 46) o un concierto de música clásica en **City Halls** (p. 87). Otra opción es irse de copas al **Bar Gandolfi** (p. 91), en el corazón de la zona de bares **LGTBIQ+**.

SEGUNDO DÍA

Un fin de semana

MAÑANA

Se empieza el día con un café en el **Riverhill Coffee Bar** (p. 51) y luego se recorre el **Barras Market** (p. 66), un mercadillo de fin de semana. De vuelta en Buchanan St, se visita **Argyll Arcade** (p. 92; foto) y **Princes Square** (p. 92) para luego caminar hacia el oeste hasta **Mackintosh at the Willow** (p. 40), donde almorzar.

TARDE

Se pasa la tarde en el **Kelvingrove Art Gallery & Museum** (p. 120). Hay un parque al lado por el que dar un paseo a la salida o también se puede ir justo enfrente a **Brewdog Glasgow** (p. 139) y tomarse una pinta.

NOCHE

The Finnieston (p. 138) es perfecto para una cena de pescado y marisco; para los que prefieran el curri está **Mother India** (p. 135). Más tarde toca música en directo en el legendario **King Tut's Wah Wah Hut** (p. 50).

TERCER DÍA

Un viaje corto

MAÑANA

La exquisita **Hunterian Art Gallery** (p. 126) es perfecta para empezar el día. Luego no hay que perderse el espectacular interior de la **Mackintosh House** (p. 126) ni la colección del **Hunterian Museum** (p. 124), todo en la **Universidad de Glasgow** (p. 133).

TARDE

Byres Rd está llena de tiendas *vintage* y delicatesen de primera. Luego, de paseo por el **Jardín Botánico** (p. 132; foto) se puede visitar el bonito **Kelvingrove Park** (p. 134) y tomarse algo en **Inn Deep** (p. 140), junto al río.

NOCHE

Después de cenar en el célebre **Ubiquitous Chip** (p. 132), se puede pasar por **Òran Mór** (p. 138), un *pub*-teatro en una antigua iglesia. Otra opción es ir a **The Stand** (p. 136), un club de comedia.

Con más tiempo

Merece la pena echar un vistazo al calendario cultural de la ciudad durante la estancia: en el **OVO Hydro** (p. 113) y **SEC Armadillo** (p. 113) hay conciertos y comedia; en el **Glasgow Film Theatre** (p. 48) y el **Centre for Contemporary Arts** (p. 50) cine independiente y experimental; en **Platform** (p. 51), **Classic Grand** (p. 52) y **Cathouse Rock Club** (p. 52) música en directo; y en el **Hampden Park** (p. 111) y **Celtic Park** (p. 68) fútbol.

Después de visitar el **Riverside Museum** (p. 102) o el **Glasgow Science Centre** (p. 104), qué mejor que un **viaje en lancha** (p. 110) por el río Clyde. Otra opción es alquilar una bici pública y recorrer el Clyde Walkway hasta **Cuningar Loop** (p. 112) para practicar escalada. Si hay tiempo, merece la pena pasar día a bordo del **PS' Waverley',** un barco de vapor histórico (p. 112).

Los amantes de la arquitectura y el diseño pueden pasar el día en Southside explorando la **House for an Art Lover** (p. 106) y la **Holmwood House** (p. 110).

SEC Armadillo y OVO Hydro (p. 113).

KENSOFTTH/SHUTTERSTOCK ©

Un día en la ciudad

Aquí hay tanto que ver que muchos visitantes vuelven más de una vez.

Mañana Se empieza el día con una visita guiada a **Central Station** (foto) para luego recorrer las calles del centro y disfrutar de la **arquitectura victoriana** (p. 42) de la ciudad antes de almorzar en **Platform** (p. 51).

Tarde Se puede continuar explorando la arquitectura de Glasgow en **Merchant City** (p. 71) para luego pasar la tarde en la **Gallery of Modern Art** (p. 81) y el **Glasgow Police Museum** (p. 86).

Noche Para tomarse una copa, se puede optar por **Artà** (p. 91) o **Corinthian Club** (p. 91), y luego disfrutar de una deliciosa cena en **Spanish Butcher** (p. 90).

En un día de lluvia

Glasgow es la ciudad con más lluvia del Reino Unido, con una media de 170 días de precipitaciones al año, así que hay que ir preparado. Afortunadamente, hay muchas cosas que hacer bajo techo, a salvo de la lluvia.

Es fácil pasar toda la mañana en el **Kelvingrove Art Gallery & Museum** (p. 120; foto) o la **Burrell Collection** (p. 98). En el West End, el **Hunterian Museum** (p. 124), la **Hunterian Art Gallery** (p. 126) y la **Mackintosh House** (p. 126) están en el mismo tramo de calle, y se puede pasar otro medio día en los tres.

Otra opción es irse de compras en galerías o centros comerciales como **Argyll Arcade** (p. 92), **Princes Square** (p. 92), **Buchanan Galleries** (p. 53) o **St Enoch Centre** (p. 92).

Prepararse

ANTES DE PARTIR

Tres meses antes Comprar entradas para los conciertos en **OVO Hydro** (p. 113) y reservar mesa en restaurantes buenos como **Ubiquitous Chip** (p. 132), **Glaschu** (p. 90) y **Ox & Finch** (p. 138).

Un mes antes En fin de semana merece reservar mesa en los restaurantes populares. Si se quiere asistir a un partido de fútbol importante, hay que comprar con bastante antelación las entradas.

Una semana antes Se puede reservar mesa en restaurantes y comprar entradas para el fútbol.

Costumbres

La gente de Glasgow es simpática y tiene un sentido del humor sarcástico; no se ofenden con facilidad. Las conversaciones de fútbol (Celtic contra Rangers) o sobre la independencia escocesa pueden volverse acaloradas. Si se pregunta a un taxista local sobre la zona de bajas emisiones de Glasgow, es muy posible que conteste con una diatriba llena de tacos; mejor hablar sobre el tiempo. Hay que respetar las colas y nunca intentar colarse.

Ropa

El humorista de Glasgow Billy Connolly dijo una vez que "no existe el mal tiempo, lo que existe es la ropa inadecuada". En Escocia se puede pasar por las cuatro estaciones en un mismo día; lo mejor es llevarse ropa de todo tipo. No puede faltar una chaqueta impermeable para la lluvia y es buena idea traer un buen gorro para los días más fríos.

Conviene saber

Pagar la ronda en un 'pub' Como en todo el Reino Unido, la gente de Glasgow se turna pidiendo las rondas para todo el grupo en el *pub*, y la idea es que todos lo hagan. Hay que pedir la siguiente ronda antes de que la gente se haya terminado la anterior. En los *pubs* se paga al pedir.

Idioma Los escoceses hablan inglés con un acento que varía de lugar en lugar –en Glasgow a veces es incomprensible–. Si se tiene problemas intentando mantener una conversación, solo hay que pedir que hablen más despacio.

Alojamiento Los precios se disparan los fines de semana y pueden alcanzar niveles altísimos incluso en hoteles mediocres si hay un concierto importante el sábado por la noche.

PROPINAS

En Glasgow no se suele dejar propina, en todo caso solo por un buen servicio en restaurantes y hoteles de lujo.

Poco común	Poco común	10%	Hasta 1 £
Hoteles	**'Pubs' y bares**	**Restaurantes**	**Taxis**
1 £/maleta	No se suele dejar	Por un buen servicio	Se redondea

PRESUPUESTO DIARIO

Económico Menos de 50 £

- Cama en hostal (dc): **15-35 £**
- Entrada de museo: **gratis** (por lo general)
- Billete de autobús de todo el día: **5,60 £**
- *Fish and chips* para llevar: **8-12 £**

Medio Entre 50-150 £

- Habitación doble en un hotel medio: **65-110 £**
- Almuerzo en un *pub*: **15 £**
- Cena en un restaurante medio: **30-40 £**
- Actuación de música en directo: **3-10 £**

Alto Más de 150 £

- Habitación doble en un hotel de lujo: **130-250 £**
- Té de la tarde con champán: **50 £**
- Cena en un restaurante de lujo: **60-80 £**
- Concierto en el OVO Hydro: **desde 75 £**

Moneda
Libra esterlina (£)

Idioma
Inglés

Hora local
GMT/UTC

PREECHAB/SHUTTERSTOCK ©

CONSEJO

En Glasgow no hay muchos aseos públicos, lo mejor es utilizar los de museos y galerías o consultar *toiletmap.org.uk*. Suelen ser gratis, aunque algunos cobran una pequeña cantidad.

Cuándo ir

Glasgow es un destino de todo el año; siempre hay algo interesante que hacer.

La gente no va a Glasgow por su clima. En verano hace mejor tiempo y los días son más largos (no anochece hasta las 22.00), con lo que hay más tiempo para explorar la ciudad. Pero en primavera y otoño suele haber más días sin lluvia; en mayo florecen los cerezos en el Glasgow Green, y en octubre Pollok Country Park se llena del rojo y dorado de las hojas. El invierno es frío y oscuro, lo que hace un *whisky* en un *pub* mucho más apetecible.

Grandes eventos

Enero En Glasgow no se celebra el Año Nuevo por todo lo alto como en Edimburgo; **Ashton Lane Hogmanay Street Party** en el West End es la fiesta más multitudinaria. La agenda cultural comienza oficialmente con **Celtic Connections** (p. 89), un festival de música celta tradicional y folk que explora los vínculos de Escocia con culturas de todo el mundo, con más de 300 actuaciones en la ciudad.

Febrero/marzo Los fríos y sombríos días de invierno se animan con la llegada del **Festival de Cine de Glasgow** (p. 48), uno de los más importantes del Reino Unido; dos semanas llenas de estrenos, eventos y entrevistas. La diversión continúa con el **Festival Internacional de Comedia de Glasgow** (p. 136); 18 días de actuaciones de cómicos de renombre y docenas de bolos hasta finales de marzo.

Junio Los años pares se celebra el **Glasgow International,** un festival de arte que llena la ciudad de instalaciones, *performances* y exposiciones. En el West End tiene lugar el **WestFest** (p. 134) con música, teatro, comedia y artes plásticas todo el mes de junio.

Clima

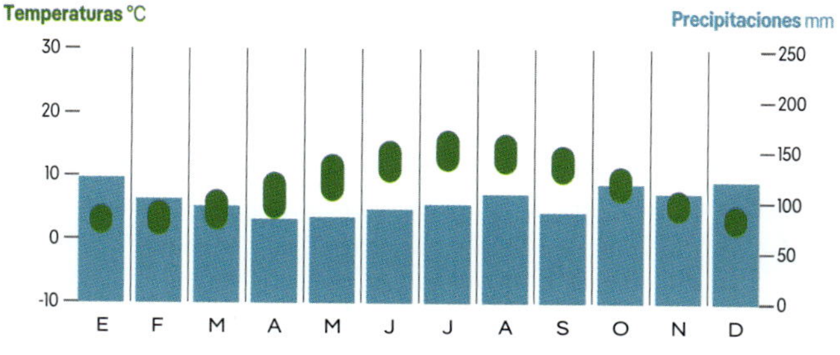

TIM J GRAY/SHUTTERSTOCK ©

La National Youth Pipe Band (banda nacional juvenil de gaitas) de Escocia en Celtic Connections (p. 89).

Julio El festival **TRNSMT** se celebra durante tres días llenos de actuaciones de bandas de música *indie* en el Glasgow Green.

Puro Glasgow

Mayo La temporada de fútbol comienza en agosto y termina en mayo con la **Final de la Copa de Escocia** en el Hampden Park.

Julio/agosto El **Summer Nights at the Bandstand** ofrece un programa de música en directo de 12 noches con bandas y cantantes de renombre en Kelvingrove Park.

Agosto Mas de 6000 gaiteros y 35 000 espectadores se reúnen en el Glasgow Green durante dos días para celebrar el **Campeonato Mundial de Bandas de Gaitas** (p. 66), la competición más importante de este tipo en todo el mundo.

Diciembre Antes de las Navidades es la **temporada de las pantomimas,** comedias musicales navideñas muy populares en la ciudad. La función anual del **Pavilion Theatre** (p. 46) es famosa.

CONSEJOS SOBRE ALOJAMIENTO

En Glasgow hay muchas opciones de alojamiento, pero se puede llenar los fines de semana. Hay que reservar con antelación si se va a ir en fin de semana o en temporada alta (jul y ago), o si hay algún festival o concierto importante en el OVO Hydro.

Cómo llegar

La mayoría de los visitantes llega a Glasgow en avión -el aeropuerto de Glasgow (GLA) está a 13 km del centro de la ciudad- o en tren, a la Central Station de Glasgow.

Del aeropuerto al centro

En autobús

Glasgow Airport Express Bus 500 Cada 10 o 15 min desde las 6.30 hasta las 24.00 y luego cada 30 min; desde la parada 1 frente a la terminal principal del aeropuerto hasta la terminal de autobuses de Buchanan, con paradas en las estaciones de tren Central y Queen Street (ida y vuelta con vuelta abierta 10,50 £; 17,25 min). Se puede comprar el billete en el autobús o a través de la *app* FirstBus. Un billete FirstDay (16 £) da acceso a transporte en autobús gratis el día de compra hasta la 1.00 del día siguiente, incluido el servicio al aeropuerto.

First Bus nº 77 Sale de la parada 6 frente a la terminal principal del aeropuerto cada 60 min desde las 8.30 hasta las 22.00, pasando por Dumbarton Rd y Argyle St; buena opción para los que vayan a Partick o el West End.

En taxi

Hay una parada de taxis oficiales (blancos) frente a la terminal principal; no hace falta reservar antes. Se tarda unos 15 min hasta el centro (17 £ dependiendo de la hora y el tráfico).

Otros puntos de entrada

Aeropuerto de Glasgow Prestwick (PIK)

El aeropuerto de Glasgow Prestwick está a 50 km de la ciudad y lo utilizan Ryanair y otras aerolíneas de bajo coste. Hay una estación de tren en el aeropuerto con cuatro trenes/h lu-sa (dos trenes do) a Glasgow (10,40 £, 40-55 min). Con la tarjeta de embarque se puede conseguir un 50% de descuento desde el aeropuerto. Un taxi al centro de la ciudad cuesta 70-80 £.

Estaciones de tren

Los trenes procedentes de la estación London Euston (Londres) llegan a la Central Station de Glasgow y los de Edimburgo a Queen Street Station; ambas están en el centro de la ciudad.

Cómo desplazarse

Es fácil recorrer el centro de Glasgow, Merchant City y el East End a pie, pero en el West End y Southside mejor hacerlo en bici, autobús o metro. El principal medio de transporte en la ciudad es el autobús; el metro solo tiene una línea circular.

Autobús

First Glasgow gestiona la mayoría de las líneas de autobuses, que son frecuentes (de 6.00 a 24.00) y cubren la mayor parte de la ciudad.

Los viernes y sábados hay un servicio limitado de autobuses nocturnos (cada hora) entre las 24.00 y las 5.00. Se puede comprar el billete en el autobús o a través de la *app* First Bus.

También hay autobuses turísticos de paradas libres –**City Sightseeing** (foto dcha.)– que paran en todos los puntos de interés del centro, el West End y Southside, con guías de audio en varios idiomas. Son más caros que los autobuses urbanos, pero más cómodos para desplazarse entre los principales puntos turísticos.

Metro

Con un encantador toque retro, el metro de Glasgow consta de una ruta circular con 15 paradas y dos líneas: el círculo exterior (en el sentido de las agujas del reloj; de color naranja en los planos y señales) y el interior (en sentido contrario, de color gris en los planos y señales). Hay que asegurarse de estar en el lado correcto del andén.

El metro no cubre una zona muy amplia, pero es la forma más cómoda de desplazarse entre el

DE IZDA. A DCHA.: GARRY CORNES/ALAMY STOCK PHOTO ©, JEFF WHYTE/SHUTTERSTOCK ©

'APP' ESENCIAL

Para planificar el trayecto, comprar billetes y horarios de autobuses en tiempo real, hay que descargarse la *app* de First Bus.

centro y el West End. En hora punta pasa un tren cada 4 min y el resto del tiempo cada 6-8 min (6.30-23.30 lu-sa, 10.00-18.00 do).

Bicicleta

El servicio de alquiler de bicicleta público NextBike es cada vez más popular en Glasgow. Hay 800 bicis en 80 lugares distintos y los usuarios pueden tomar una bici y luego dejarla en cualquiera de esos lugares; solo hay que descargarse la *app* NextBike y buscar el logotipo rosa de People Make Glasgow de las bicis. Con una cuenta solo se pueden alquilar dos bicicletas a la vez. No se recomienda utilizar la bici para desplazarse por la ciudad, solo para explorar los lugares turísticos a lo largo del Clyde Walkway, que recorre la orilla norte del río.

Tren

La red de trenes de cercanías en Glasgow y sus alrededores es amplia y forma parte de ScotRail. La línea Cathcart Circle es muy útil para desplazarse entre Central Station y Southside. Los billetes están a la venta en las taquillas o a través de la *app* ScotRail.

Taxi

En Glasgow hay taxis de sobra y entablar una conversación con el taxista es la mejor forma de conocer la ciudad. Los precios son razonables; el trayecto del centro al West End sale por unas 6 £.

Transporte público

Billetes de autobús

Casi todos los autobuses urbanos de Glasgow son de First Bus *(firstglasgow.com)*. Se puede comprar el billete al conductor con la cantidad exacta en efectivo, con una tarjeta sin contacto o el móvil, o a través de la *app* First Bus.

También se puede pagar utilizando una tarjeta de crédito, débito o un móvil sin contacto, tocando los lectores digitales en los autobuses urbanos al subirse y al bajarse.

Solo se cargará el importe del billete sencillo del trayecto que se haga (2 £ en la zona 1), y si se hacen más trayectos en el día el cargo máximo será el equivalente del billete de un día (5,60 £). Si se utiliza el autobús tres días durante un período de siete días, el cargo máximo será de 15,50 £.

Billetes de metro

Strathclyde Passenger Transport *(spt.co.uk)* gestiona el metro de Glasgow y utiliza billetes de papel; los residentes utilizan una Smartcard, que sirve para el metro, los autobuses y trenes.

Se puede comprar el billete (sencillo 1,80 £; de un día 4,30 £)

en las máquinas a la entrada de las estaciones de metro con una tarjeta de crédito, débito o un móvil.

Billetes combinados

Hay billetes combinados para el metro y los autobuses turísticos City Sightseeing que permiten el uso ilimitado de ambos el día de la compra (adultos/niños 21,80/11,50 £); se pueden comprar a través del sitio web *citysightseeingglasgow.co.uk/get-tickets*. También hay varios tipos de abonos Smartcard, ZoneCard y Glasgow Tripper, pero solo merecen la pena si se es residente o se planea quedarse en la ciudad bastante tiempo.

PRECIOS

Billete mínimo de autobús
2 £

Billete de autobús de un día
5,60 £

Billete mínimo de metro
1,80 £

CONSEJO

El billete combinado para el metro y los autobuses City Sightseeing es una opción cómoda y económica.

BILLETES

Se pueden comprar los billetes en línea (a través de las *app* de First Bus y ScotRail), en las máquinas del metro y las estaciones de tren y en las taquillas de estas últimas.

	Sencillo	De un día
Autobús	2 £	5,60 £
Metro	1,80 £	4,30 £
Tren de cercanías	3,20 £	7,40 £ (incl. metro)

ZONAS TARIFARIAS

A

First Bus opera en tres zonas tarifarias, pero todo lo que se incluye en esta guía (menos Holmwood House, que está en la zona 2) entra dentro de la zona City 1.

Otra cara de Glasgow

Uno de los mayores atractivos de Glasgow son sus peculiaridades y rarezas, pero hay que prestar atención.

Gorbals

El Distrito de Gorbals está frente a Merchant City y el East End, al otro lado del río. En el pasado fue uno de los barrios más pobres de la ciudad hasta que en las décadas de 1960 y 1970 se demolió entero. Hoy, tras cruzar el **Gorbals St Bridge,** se contremplan edificios modernos de oficinas y apartamentos, pero a la izquierda en Cleland St se puede ver un memorial poco conocido a tres de las personas más famosas nacidas en Gorbals: en los arcos bajo el puente ferroviario hay unos **murales** dedicados a la artista **Hannah Frank** (1908-2008), el campeón mundial de boxeo **Benny Lynch** (1913-1946) y **Allan Pinkerton** (1819-1884), que emigró a EE UU y se convirtió en el primer detective de policía de Chicago y más tarde fundó la agencia de detectives Pinkerton.

La naranja mecánica

Cualquiera que conozca el metro de Madrid, Barcelona o Londres se va a llevar una sorpresa en el **metro de Glasgow.** Es súper pequeño: cuenta con solo una línea circular (se tarda apenas 24 min en hacer todo el circuito) y además, quien mida más de 1,80 m tiene que agacharse para entrar al tren. Los vecinos no han podido evitar la burla y lo han apodado "la naranja mecánica" en referencia a su tamaño y sus colores corporativos.

Jesús sin techo

Junto a la iglesia de St George's Tron, cerca de Buchanan St, hay una figura de bronce de un hombre sin techo durmiendo en un banco. Si se presta atención se puede ver los estigmas en los pies; la figura representa a **Jesucristo** y sirve como recordatorio de toda la gente que vive en la calle en Glasgow.

FUERA DE RUTA

En el **Glasgow Police Museum** (p. 86) se puede charlar con policías jubilados.

El *music hall* más antiguo del mundo en activo es **Britannia Panopticon** (p. 88), donde debutó Stan Laurel (el Flaco).

En una visita guiada a **Central Station** (p. 46) se pueden explorar túneles secretos y andenes abandonados.

El mundo científico de Glasgow se puede ver en el **Friends of Glasgow Royal Infirmary Museum** (p. 67).

St Enoch Station, metro de Glasgow (p. 37).

Britannia Panopticon (p. 88).

Barrowland
COACH SERVICE

Explora Glasgow

Circuitos a pie

Salón de baile Barrowland (p. 65).
GEORGECLERK/GETTY IMAGES ©

Sugerencias de lugares para comer, beber y comprar en **p. 51**

Explora
Centro de Glasgow

Nada más salir de Central Station se puede apreciar el ajetreo típico de una ciudad grande. Las aceras están llenas de gente camino a la oficina o a una tienda y las calles se inundan de coches tocando el claxon, autobuses en fila y taxis impacientes, todo ello con una mezcla extraordinaria de arquitectura moderna y victoriana de fondo. Este es el centro de la ciudad más grande de Escocia. El carácter del centro de Glasgow oscila entre la energía frenética del este con terminales de transporte, *pubs* y centros comerciales, y el tranquilo oeste, como Bath St, donde los sótanos de oficinas de lujo se han convertido en bares de moda.

Cómo desplazarse

Autobús
La principal terminal de autobuses de Buchanan St está en el centro de Glasgow y varias líneas atraviesan el barrio.

Metro
Las estaciones de Buchanan St y St Enoch están en el centro del barrio; la de Cowcaddens está en el norte, que va muy bien para ir y volver del West End.

Tren
Las dos principales estaciones de tren de Glasgow –Central Station y Queen Street Station– están en el centro. Los trenes de Cathcart Circle conectan el centro de Glasgow con Southside.

LO MEJOR

VISITA GUIADA
Glasgow Central Tours (p. 46)

'PUB' VICTORIANO
The Horse Shoe Bar (p. 48)

CINE
Glasgow Film Theatre (p. 48)

MÚSICA EN DIRECTO
King Tut's Wah Wah Hut (p. 50)

ARQUITECTURA Y DISEÑO
Mackintosh at the Willow (p. 40)

The Lighthouse (p. 46).
PAIKONG/SHUTTERSTOCK ©

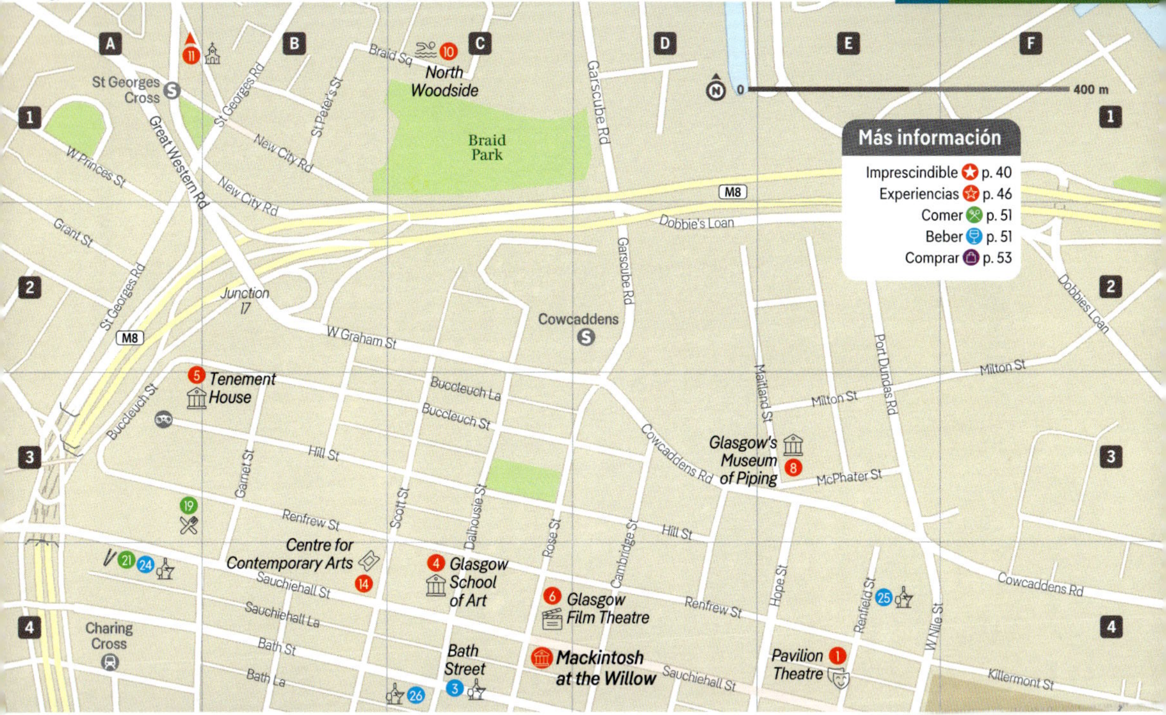
A
B
C
D
E
F
1
2
3
4
0
400 m
Más información
Imprescindible p. 40
Experiencias p. 46
Comer p. 51
Beber p. 51
Comprar p. 53
11
St Georges Cross
10
North Woodside
Braid Sq
Braid Park
St Georges Rd
St Peter's St
New City Rd
Great Western Rd
W Princes St
Grant St
Garscube Rd
M8
Dobbie's Loan
Dobbies Loan
Junction 17
Cowcaddens
W Graham St
5
Tenement House
Buccleuch La
Buccleuch St
Hill St
Garnet St
Scott St
Dalhousie St
Rose St
Cambridge St
Cowcaddens Rd
Maitland St
Milton St
Port Dundas Rd
McPhater St
Glasgow's Museum of Piping
8
19
Renfrew St
21
24
Centre for Contemporary Arts
14
Sauchiehall St
Sauchiehall La
4
Glasgow School of Art
6
Glasgow Film Theatre
Hope St
Renfield St
25
W Nile St
Charing Cross
Bath St
Bath La
Bath Street
3
26
Mackintosh at the Willow
Pavilion Theatre
1
Killermont St

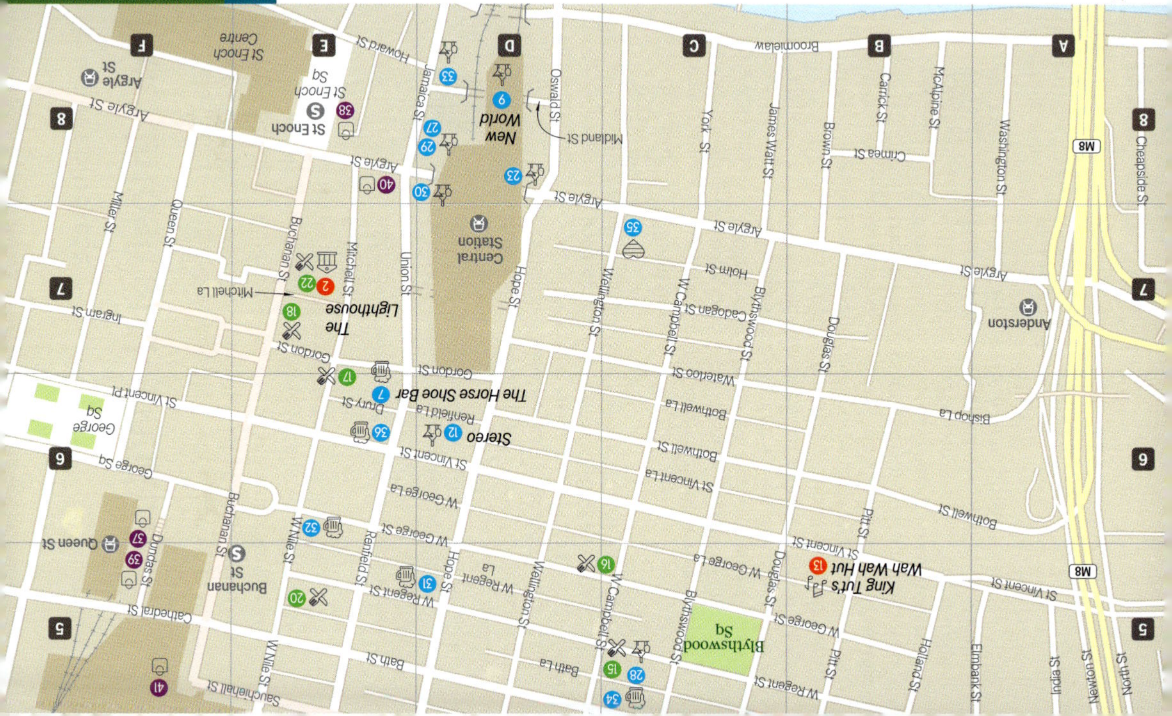
A
B
C
D
E
F
5
6
7
8
St Enoch Centre
St Enoch Sq
St Enoch
Argyle St
Howard St
Jamaica St
New World
Oswald St
Midland St
Broomielaw
Carrick St
McAlpine St
Crimea St
Brown St
James Watt St
York St
Washington St
Cheapside St
M8
Central Station
Hope St
Union St
Mitchell St
Mitchell La
The Lighthouse
Buchanan St
Miller St
Queen St
Ingram St
Gordon St
The Horse Shoe Bar
Drury St
Renfield La
Stereo
St Vincent Pl
George Sq
St Vincent St
W George La
W George St
Wellington St
W Campbell St
Blythswood St
Cadogan St
Holm St
Waterloo St
Bothwell La
Bothwell St
St Vincent La
Douglas St
Pitt St
Bishop La
Anderston
Queen St
Dundas St
Buchanan St
Cathedral St
W Nile St
Renfield St
W Regent St
W Regent La
King Tut's Wah Wah Hut
Blythswood Sq
Bath St
Bath La
Sauchiehall St
Holland St
Elmbank St
India St
Newton St
North St

★ IMPRESCINDIBLE

Mackintosh at the Willow

En 1903 Charles Rennie Mackintosh diseñó y decoró el salón de té Willow Tea Rooms para la restauradora Kate Cranston. Mackintosh at the Willow es una fiel reconstrucción de este salón de té original, donde se puede apreciar en cada pequeño detalle el estilo único de este arquitecto.

PLANO: P. 38 **C4**

CONSEJO
Merece la pena comprar las entradas en internet y programar la visita para almorzar en el salón de té o, si el tiempo acompaña, en la azotea.

Escanea este código QR para más información práctica.

Exterior

Antes de entrar al edificio, merece la pena cruzar Sauchiehall St para observar el exterior. Cuando el Ayuntamiento le otorgó el permiso a Kate Cranston para abrir un nuevo salón de té, la idea era que mantendría el exterior tal y como estaba. Mackintosh ignoró este requisito y creó una fachada curva y blanca con su estilo particular mezcla de *art nouveau* e influencias japonesas. Fue una decisión muy polémica en su día y es muy diferente a los tradicionales bloques de viviendas de arenisca vecinos.

Planta baja

El salón de té está abierto al público, pero vale la pena apuntarse a la visita guiada (45 min) del edificio, ya que da acceso al piso de arriba. El **salón delantero** está decorado en tonos blancos, rosa pálido y verdes, evocando la primavera. En las paredes se puede apreciar paneles de yeso con motivos estilizados de hojas de sauce, que se repiten en las escaleras y en la barandilla del balcón. El **salón trasero** es más sombrío, con estarcidos de rosas, diseños de rejilla y altos paneles rectangulares similares a las puertas correderas japonesas *shoji*. También se puede ver las típicas sillas de Mackintosh de respaldo alto en todas partes.

Planta superior

En el piso de arriba está el **Salon de Luxe,** la joya del edificio, diseñado en un principio como un

STOCKEUROPE/ALAMY STOCK PHOTO ©

salón privado donde las mujeres de la clase alta recibían a invitados. Es un espacio espectacular en blanco y plata, gris y morado, lleno de luz que se refleja en vitrales, espejos *art nouveau* y lámparas de araña de cristal. Al lado está la **sala de billar,** donde en el pasado solo se permitía la entrada de hombres. La decoración está inspirada en las casas de campo con paredes de madera oscura y muchos detalles Mackintosh.

Exposición

Después de la visita, se puede pasar 1 h en la exposición interactiva de dos plantas sobre el contexto histórico de las Willow Tea Rooms y las múltiples colaboraciones de Cranston con Mackintosh y su mujer, Margaret Macdonald.

UNA PAUSA
El mejor sitio para un descanso es el salón de té, pero también puede reservarse mesa en el Salon de Luxe para tomar el té de la tarde con champán.

CIRCUITO A PIE

Un paseo por el centro

El poeta John Betjeman se refirió a Glasgow como "la mejor ciudad victoriana del mundo". Vivió su apogeo durante el s. XIX, cuando se convirtió en una de las ciudades más ricas de toda Gran Bretaña. Este circuito explora su pasado, que ha quedado reflejado en la arquitectura victoriana del centro.

INICIO	FINAL	DURACIÓN
Central Station	Mirador de Hill St	1,6 km; 1 h

1 El corazón de la ciudad

La **Central Station** de Glasgow abrió sus puertas en 1879 y es una de las más utilizadas de toda Escocia. Gracias a su arquitectura victoriana, es también una de las más espectaculares de todo el mundo. El techo de cristal es una maravilla de la ingeniería, una extensión de 4000 m² sin pilares de sujeción. Para iniciar la ruta, hay que elegir la salida de Union St (bajando las escaleras a la izquierda, frente a las pantallas de información de la salida de trenes).

2 Alexander "Greek" Thomson

A la salida de Central Station está Union St, una calle muy transitada. Justo enfrente se encuentra **Egyptian Halls** (1872), una de las obras maestras victorianas de Alexander "Greek" Thomson, catalogado por su valor histórico y que es un edificio lleno de motivos clásicos griegos y egipcios. A la izquierda están los espectaculares arcos de hierro y vidrio veneciano del edificio Ca'd'Oro (1872).

3 Esplendor neoclásico

Hacia el oeste por St Vincent St -una de las calles victorianas mejor conservadas de la ciudad- se puede apreciar los impresionantes edificios de arenisca que bordean la calle, empezando por la imponente fachada neoclásica del Bank of Scotland y terminando con el inconfundible templo griego de la **St Vincent Street Church** (1859), que le dio a "Greek" Thompson (el "griego" Thompson) su apodo. La torre de la iglesia es un elemento característico del paisaje urbano de Glasgow.

4 Victoriano y contemporáneo

Siguiendo por Pitt St hacia el norte se llega a otra obra de Thomson, el edificio de las Grecian Chambers (1865), que hoy alberga el **Centre for Contemporary Arts** y donde se puede apreciar el estilo clásico de Thomson: simetría, repetición y columnas griegas decorativas.

5 La obra maestra de Mackintosh

Más al norte, tras subir la empinada cuesta de Scott St, se puede ver el sistema de andamios que esconde al **Glasgow School of Art** (1897-1909), obra de Rennie Mackintosh y dañado por un incendio. Enfrente está el Reid Building (2014), el edificio más moderno de la Glasgow School of Art.

6 Vistas del West End

Hacia el norte por Garnet St y girando al oeste en Hill St está la sinagoga Garnethill (1879-1881), la más antigua de Glasgow. Hill St es el punto más alto del centro de Glasgow, y desde el **mirador** al final de la calle hay vistas panorámicas del West End.

CIRCUITO A PIE

Por la Glasgow School of Art

Aunque el famoso edificio de Mackintosh de la Escuela de Arte de Glasgow esté dañado y de capa caída, la vida de la escuela continúa. A sus alrededores hay lugares de ambiente bohemio llenos de estudiantes y artistas. No hace falta matricularse en la escuela para disfrutar de los placeres de la vida estudiantil.

INICIO	FINAL	DURACIÓN
Singl-end	Nice N Sleazy	1,1 km; 2-3 h

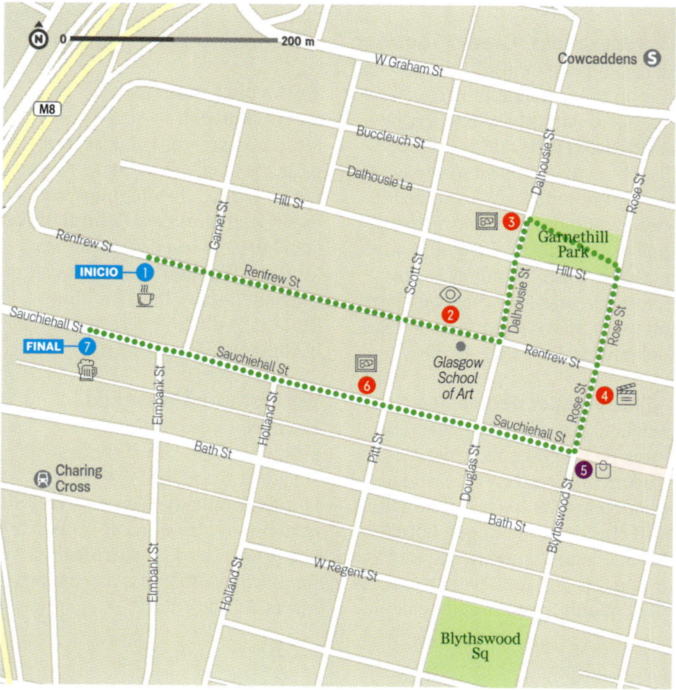

1 Dosis de cafeína

El ambiente en la cafetería **Singl-end** (p. 51), en un sótano, es verdaderamente estimulante. El café es excelente, como también lo son sus opciones de *brunch* vegano y tartas caseras. Todo está delicioso.

2 Exposiciones de fin de curso

El revestimiento de cristal del edificio modernista de la GSA -el **Reid Building** (2014), obra de Steven Holl- contrasta de manera fascinante con el edificio de arenisca roja de Mackintosh y ofrece un bonito contrapunto a la cubierta de plástico y andamios que hoy cubre esta obra maestra. En el Reid Building suele haber exposiciones con el trabajo de los alumnos de la escuela.

3 Secar la ropa

La lavandería forma parte esencial de la vida estudiantil, y la **Art Laundrette** está a la vuelta de la esquina. No hace falta llevar la ropa sucia; en esta lavandería hay exposiciones, talleres y actuaciones en vivo; merece la pena echarle un vistazo al programa de eventos antes de irse de paseo por Garnethill Park.

4 Ir al cine

Las salas de cine convencionales no son plato de gusto de los estudiantes de arte. Afortunadamente, el **Glasgow Film Theatre** (p. 48), un cine de corte alternativo en un edificio *art déco* está muy cerca. Cuando abrió en 1939 con el nombre de Cosmo, fue la primera sala de cine de autor que se construyó en el Reino Unido fuera de Londres.

5 Tesoros de vinilo

Otro elemento fundamental en la vida de un estudiante de arte es su colección de discos. En **Assai Records** se puede admirar el arte de las portadas de su enorme selección de vinilos y asistir a eventos y actuaciones en vivo.

6 Arte contemporáneo

El **Centre for Contemporary Arts** (p. 50) es un centro de creatividad, con exposiciones de arte contemporáneo, todo tipo de eventos y otras actividades.

7 De marcha

En esta parte de Sauchiehall St hay una serie de bares que se animan mucho por la noche con estudiantes atraídos por la cerveza barata. **Nice N Sleazy** (p. 52) es uno de los mejores, con una amplia selección de cervezas, música en directo y abierto hasta tarde.

EXPERIENCIAS

Una noche de teatro

OCIO

PLANO: 1 P. 38 E4

En 1904 abrió el **Pavilion Theatre** *(trafalgartickets.com)*, uno de los muchos teatros de variedades que, a partir de la década de 1890, empezaron a sustituir a los antiguos cabarés. Su estilo renacentista francés fue obra del arquitecto que diseñó el Piccadilly Theatre de Londres y el Palace Theatre de Mánchester. Su interior es una fiesta para los sentidos, con elementos de estuco al estilo rococó, paneles de caoba y mosaicos de mármol en el suelo.

Hoy todavía sobrevive parte del antiguo esplendor del teatro. Su calendario de funciones incluye actuaciones de cómicos de renombre, bandas tributo y giras de nostalgia, pero lo más importante del año son las **comedias navideñas 'panto'** *(pavilionpanto.com)* desde principios de diciembre hasta mediados de enero.

En (y bajo) Central Station

VISITA GUIADA

Construida entre 1879 y 1905, Central Station es el centro neurálgico del sistema ferroviario escocés, la estación final de líneas que llegan desde las estaciones Euston de Londres, Edimburgo e Inverness, y el centro de la red de cercanías de la ciudad. **Glasgow Central Tours** *(glasgowcentraltours.co.uk; 15 £)* ofrece circuitos a pie de 1 h con guías apasionados que recorren la estación y todos sus rincones: túneles escondidos, un andén victoriano abandonado y mucha información interesante; una experiencia fascinante incluso para aquellos sin mucho interés por los trenes.

En lo alto de The Lighthouse

ARQUITECTURA

PLANO: 2 P. 38 E7

El primer encargo como arquitecto de Charles Rennie Mackintosh fue la flamante sede del periódico *Glasgow Herald*, que completó en 1895. Escondida en una calle estrecha junto a Buchanan St, The Lighthouse es hoy el **Centro de Arquitectura y Diseño** de Escocia y el **Centro de Interpretación Mackintosh,** que ofrece un resumen detallado (y algo soso) de su vida y obra.

Lo más destacable de su exterior es la torre octagonal que da nombre al edificio ("faro" en inglés), que en el pasado albergó un depósito de agua y un palomar con palomas que se utilizaban para enviar los resultados de las carreras de caballos al periódico. En el interior hay una magnífica escalera en espiral que se instaló en 1999 para subir a lo alto del 'faro' y disfrutar de vistas espectaculares de la ciudad.

En el momento de redactar esta guía, el edificio estaba cerrado al público (consultar su página de Facebook para más información sobre su reapertura).

De bar en bar por Bath Street

SALIR DE COPAS

PLANO: 3 P. 38 **C4**

El mejor lugar para comenzar una noche de copas es el legendario Horse Shoe Bar (p. 48), que desde su apertura a finales del s. XIX no ha cambiado casi nada. Es un bar pintoresco y uno de los más antiguos y longevos del Reino Unido. Hacia el oeste por Nile St está, a dos manzanas, Shilling Brewing Co (p. 52), una cervecería ubicada en un antiguo banco; la IPA de Session tiene un toque cítrico ideal para enjuagar el paladar. The Pot Still (p. 52), un bar que parece suspendido en el tiempo con suelos que crujen y mesas de hierro forjado, está dos manzanas al oeste y una al norte, y su selección de *whisky* es excelente. Los bares de Bath St son famosos por ser algo peculiares: Butterfly and the Pig (p. 53) tiene un toque retro y acogedor con actuaciones de *jazz* en directo; Bunker está hacia el oeste y es otro clásico de Bath St; ambos abren hasta las 3.00 los viernes y sábados.

Historia doméstica en la Tenement House

MUSEO

PLANO: 5 P. 38 **A3**

Los bloques de viviendas de alquiler social (*tenement* en inglés) son un elemento fundamental del paisaje urbano de Glasgow: largas filas de ventanas en saliente y torres puntiagudas de arenisca roja o beis. Un *tenement* es un bloque de viviendas normalmente de cuatro plantas dividido en apartamentos con una escalera común. La mayoría fueron construidos entre 1850 y 1900 para hacer frente al enorme aumento de la población tras la Revolución industrial.

La **Tenement House** (*nts.org.uk; adultos/niños 8,50/6 £)*, en el nº 145 de Buccleuch St, fue el hogar de Agnes Toward entre 1911 y 1965. Cuando murió, el nuevo propietario se dio cuenta de que se encontraba ante una cápsula del tiempo: los muebles y decoración eran de principios del s. XX y en lugar de renovarlo decidió donarlo

GLASGOW SCHOOL OF ART

En 1896 Charles Rennie Mackintosh ganó, con solo 27 años, un concurso de diseño para construir el nuevo edificio de la **Glasgow School of Art,** donde había estudiado. Fue su mayor logro y el edificio se completó en 1909. En el 2014 sufrió un incendio y, justo cuando iba a reabrir sus puertas en el 2018, volvió a ser presa de las llamas. Todo el interior recientemente reconstruido quedó destruido y el edificio gravemente dañado. El Ayuntamiento se ha comprometido a reconstruirlo, pero no parece que vaya a estar terminado antes del 2027.

PLANO: 4 P. 38 **C4**

MACKINTOSH QUEEN'S CROSS
Al norte del centro de la ciudad, a 1,5 km, está **Mackintosh Queen's Cross** *(mackintoshchurch.com; adultos/niños 5 £/gratis)*, la única iglesia de las diseñadas por Charles Rennie Mackintosh que se construyó y hoy sede de la Charles Rennie Mackintosh Society. Se completó en 1899 y pasa bastante desapercibida, pero los detalles de la ventana y su pintoresca torre sin duda la delatan. El interior está decorado al estilo Mackintosh, con madera oscura y exquisitos relieves que contrastan con los vitrales en azul intenso y morado. Se llega con la línea de autobús 17, 60 o 61 desde Hope St hasta la parada de Bonawe St en Maryhill Rd.
PLANO: 11 P. 38 **A1**

al National Trust for Scotland, que lo conserva como un magnífico ejemplo de un típico hogar de clase media de Glasgow de principios del siglo pasado, con su mobiliario original, luz de gas e incluso un bote de compota casera de 1929.

Noche de película

CINE

PLANO: 6 P. 38 **C4**

Desde que abrieron los primeros cines en Glasgow a principios del s. xx, ir al cine es uno de los pasatiempos más populares de la ciudad. En la década de 1930 había unos 130 cines, la mayor proporción por número de habitantes de una ciudad fuera de EE UU. Hoy hay cines por todas partes, pero los auténticos cinéfilos van al **Glasgow Film Theatre** *(glasgowfilm.org)*.

Cuando abrió en 1939 se llamaba Cosmo –el edificio es una joya *art déco*– y hoy tiene tres pantallas con una cartelera muy variada, desde los últimos filmes independientes e internacionales hasta obras experimentales y grandes clásicos del cine. También organiza todos los años durante dos semanas el **Festival de Cine de Glasgow** (fin feb/ppios mar), cuyo 20º aniversario tuvo lugar en el 2024.

Una pinta en un 'pub' clásico

PUB VICTORIANO

PLANO: 7 P. 38 **E6**

Escondido en Drury St, **The Horse Shoe Bar** *(thehorseshoebarglasgow.co.uk)* lleva más de un siglo siendo toda una institución en Glasgow. Abrió sus puertas en 1884 y era uno de tres *pubs* propiedad de John Scouler, por entonces el tabernero más famoso de la ciudad –al que, por cierto, le fascinaban los caballos–. Sus otros dos *pubs,* The Snaffle Bit y The Spur, fueron derruidos hace tiempo, pero el espíritu de Scouler sigue vivo en The Horse Shoe Bar, un resplandeciente altar a la herradura con paredes de caoba y espejos. Todo tiene forma de herradura, desde la chimenea hasta el mostrador –de

32 m, el más largo en el Reino Unido hasta el 2016, cuando el Bowland Beer Hall en Lancashire le arrebató el primer puesto–. Merece la pena entrar para tomarse una pinta o almorzar; en el pasado era famoso por sus empanadas escocesas, pero hoy el menú incluye comida típica de *pub* como empanada de carne, *fish and chips*, hamburguesa y *pizza*.

Sonido de gaitas

MUSEO DE GAITAS

PLANO: 8 P. 38 **E3**

Como parte del Centro Nacional de Gaitas, el **Glasgow's Museum of Piping** (Museo de Gaitas de Glasgow; *thepipingcentre.co.uk; 5 £*) cubre la historia de las gaitas de las Tierras Altas escocesas. Hay varios ejemplares antiguos, incluida una gaita del s. XVIII, además de instrumentos procedentes de otros países donde se toca la gaita como España, Polonia, Hungría e Italia. Merece la pena planificar la visita para hacer la visita guiada Meet the Piper ("Conoce al gaitero") incluida en la entrada (horarios en la web), con un guía gaitero que brinda a los participantes la oportunidad de tocar el puntero, la parte de la gaita que toca la melodía.

Bajar al subsuelo

BAR

PLANO: 9 P. 38 **D8**

En el lugar donde Argyle St pasa por debajo de las vías del tren de Central Station, un portal discreto conduce a un fascinante mundo subterráneo de bóvedas de ladrillo que se construyeron en 1905 como soporte de la estación. Hoy, Platform (p. 51; *platformgla.co.uk*), un bar con cocina muy popular, ocupa las primeras seis bóvedas conectadas entre sí; en las seis siguientes hay mesas de billar, de tejo y de futbolín; y el resto es para música en directo, DJ, noches de baile y eventos privados.

Este recinto subterráneo albergó el legendario **Arches** –madrina de las discotecas de Glasgow– entre 1991 y el 2015, que atrajo a todas las figuras importantes de la música *dance*. En el 2023 se reabrió bajo el nombre de New World *(newworldglasgow.com)*, con una docena de noches de baile en el recinto original entre octubre y diciembre. Se entra por el túnel de Midland St, una manzana al sur de Argyle St.

Un chapuzón en una piscina victoriana

PISCINA

PLANO: 10 P. 38 **C1**

North Woodside *(glasgowclub.org/venues/north-woodside; adultos/niños 4/2 £)* es la piscina pública más antigua de Glasgow. Cuando abrió en 1882 albergaba 27 baños privados para hombres, 7 para mujeres y 67 cabinas de lavado en la lavandería, conocida como *steamie*. Unas 60 000 personas utilizaban las instalaciones todos los años, al precio de un penique los adultos y medio los niños. Los viernes la cola era súper larga, con cantidad gente esperando para darse su baño caliente semanal.

Hoy la piscina ha sido restaurada y está abierta al público; no hay nada como darse un baño entre azulejos victorianos, columnas de hierro forjado y bajo un techo de cristal, con vestuarios a los lados. Hay que registrarse (gratis) como socio de pago por uso –Pay As You Go *(glasgowclub.org)*– y luego reservar una sesión en la web. Los baños están cerrados los fines de semana.

Bandas emergentes en King Tut's — MÚSICA EN DIRECTO

Glasgow es el corazón de la escena musical de Escocia y cada año es nombrada una de las mejores ciudades para la música en directo de todo el mundo por músicos y público. En el centro hay muchos locales de música, algunos con actuaciones gratis casi todas las noches, como MacSorley's (p. 52), **Stereo** (PLANO: 12 P. 38 **D6**) y Nice N Sleazy (p. 52).

El local más conocido es **King Tut's Wah Wah Hut** (PLANO: 13 P. 38 **B5**; *kingtuts.co.uk*), pilar de la música en directo en Escocia desde la década de 1990 y con actuaciones todas las noches. La lista de bandas conocidas que hicieron aquí sus pinitos llenaría un libro: Radiohead, Pulp, My Chemical Romance, Florence & The Machine, Biffy Clyro, Manic Street Preachers, Frightened Rabbit y Paolo Nutini entre otros; Oasis firmó aquí su primer contrato con una discográfica en 1993.

El calendario de actuaciones incluye lo mejor de la música más reciente de todo el mundo, con actuaciones más nostálgicas de vez en cuando, tipo Tom Robinson, Snow Patrol o The Killers.

Arte de vanguardia — CENTRO DE ARTE

PLANO: 14 P. 38 **B4**

Lo que hoy es el **Centre for Contemporary Arts** *(cca-glasgow.com)* de Glasgow fue fundado en 1974 por el dramaturgo Tom McGrath bajo el nombre de Third Eye Centre, un centro de arte que se convirtió rápidamente en el epicentro del movimiento contracultural de la ciudad: Edwin Morgan, Allen Ginsberg, Billy Connolly, Whoopi Goldberg y John Byrne actuaron aquí, y artistas como Peter Howson, Ken Currie o Damien Hirst han expuesto aquí su obra.

En 1992 se convirtió en el Centre for Contemporary Arts, una organización sin ánimo de lucro que organiza exposiciones, eventos, noches de cine, literatura, teatro, talleres, festivales y *performances* en un edificio único: las Grecian Chambers de Alexander "Greek" Thomson, en Sauchiehall St.

La galería monta importantes exposiciones de arte contemporáneo todos los años *(do y lu cerrado)*, con artistas como Tracey Moffatt, Marvin Gaye Chetwynd o Rachel Maclean, y en otras salas del centro se organizan eventos de arte de vanguardia; se puede consultar el programa en la web.

Lo mejor para...

Localizaciones en el plano de la **p. 38**

£ Económico ££ Medio £££ Alto

Comer

Cocina escocesa

Red Onion ££
15 C5
Restaurante acogedor de dos plantas y con un ambiente agradable; platos típicos escoceses con toques de cocina francesa, mediterránea y asiática. *red-onion.co.uk; 12.00-21.00 lu-sa, 12.00-19.30 do*

Gamba £££
16 C5
Uno de los mejores restaurantes de pescado y marisco de la ciudad, en un sótano en el distrito financiero; presentación muy cuidada y platos que potencian el sabor del pescado de origen sostenible. *gamba.co.uk; 12.00-14.00 y 17.00-21.00 mi-vi, 12.00-21.00 sa*

Cafeterías

Riverhill Coffee Bar £
17 E6
Lugar pequeño con café y chocolate excelentes; un oasis independiente en el centro de Glasgow, invadido por las cadenas de cafeterías. *riverhill coffee.co.uk; 8.00-16.00 lu-vi, 9.00-16.00 sa*

Willow Tea Rooms ££
18 E7
Reconstrucción del salón de té diseñado por Charles Rennie Mackintosh en 1904 con té de calidad, *bagels,* dulces y, para darse un capricho, té de la tarde con champán. *willowtearooms.co.uk; 9.00-18.00*

Singl-end ££
19 A3
Cafetería en un sótano con amplias opciones para todo tipo de necesidades dietéticas; buen café, desayunos y almuerzos generosos, alcohol y dulces. *thesingl-end.co.uk; 9.00-17.00*

Laboratorio Espresso £
20 E5
Posiblemente el mejor café de Glasgow, de origen sostenible y presentado en creaciones deliciosas con auténtico café expreso; también sirven bocadillos y postres italianos. Hay un par de mesas fuera. *laboratorioespresso.com; 8.00-17.30 lu-vi, 9.00-17.30 sa, 10.30-17.30 do*

Asiáticos

Loon Fung ££
21 A4
Uno de los restaurantes chinos más auténticos de Glasgow; cocina cantonesa con delicioso *dim sum* y excelentes platos de pescado y marisco. *loonfungglasgow.com; 12.00-23.00*

Bar Soba ££
22 E7
Bar-restaurante con cocina de fusión asiática de calidad; un ambiente perfecto para relajarse con un cóctel. *barsoba.co.uk; 12.00-22.00*

Beber

Bares

Platform
23 D8
Buen ambiente para toda la familia (incluida la

canina); cócteles y comida rápida en las bóvedas de ladrillo bajo las vías del tren. *platformgla.co.uk; 16.00-23.00 ju, 12.00-24.00 vi y sa, 12.00-21.00 do*

Nice N Sleazy

24 **A4**

En la zona más animada de Sauchiehall St, está lleno de estudiantes de arte de la cercana Glasgow School of Art. *nicensleazy.com; 17.00-3.00 vi y sa*

Flying Duck

25 **E4**

Sótano bohemio al que se accede bajando unas escaleras llenas de grafitis; ambiente estudiantil, comida vegana, música en directo y noches de discoteca. *theflyingduck.org; 21.00-1.00 vi y sa*

Slouch Bar

26 **C4**

En Bath St hay bares para todos los gustos, normalmente en un sótano. Este toma su inspiración del sur de EE UU, con poca luz, música *rock* y un ambiente relajado. *slouch-bar.co.uk; 16.00-3.00 do-ju, 12.00-3.00 vi y sa*

Discotecas

Sub Club

27 **D8**

La discoteca más famosa de Escocia durante décadas. La noche del sábado es legendaria, con excelente música que invita a saltar a la pista a bailar y un sistema de sonido que es, para muchos, el mejor de la ciudad. *subclub.co.uk; normalmente 23.00-4.00 ju, vi y sa*

Buff Club

28 **C5**

Música ecléctica sin pretensiones: *hip-hop,* disco y electrónica; escondido en una callejuela detrás de Bath St. *thebuffclub.com; 23.00-3.00 lu, ma y ju-sa*

Classic Grand

29 **D8**

Música en directo y DJ en un local céntrico y modesto con copas a buen precio y gente acogedora; música *rock,* industrial, electrónica y *powerpop. classicgrand.com; horario variable*

Cathouse Rock Club

30 **D8**

Local de música *indie* con dos pistas de baile (el ambiente abajo es más tranquilo que arriba, donde es bastante intenso) y música *rock,* alternativa, *heavy, goth* y post-punk. *cathouse.co.uk; 23.00-3.00 mi-do, 23.00-4.00 sa*

'Pubs'

The Pot Still

31 **D5**

Encantador y acogedor; con mobiliario antiguo, un toque nostálgico y una excelente selección de *whisky. thepotstill.co.uk; 11.00-24.00*

Shilling Brewing Co

32 **E6**

Cervecería artesanal en un antiguo banco; enormes ventanas, mucho espacio y cervezas de todo tipo. *shillingbrewingcompany.co.uk; 12.00-23.00 lu, 12.00-24.00 ma-ju, 12.00-1.00 vi y sa, 12.30-23.00 do*

MacSorley's

33 **D8**

Con forma de herradura y elegantes molduras en las ventanas y el techo; buen ambiente con música en directo todas las noches. *macsorleys.co.uk; 11.00-24.00 ma-do*

Butterfly and the Pig
34 C5
Un soplo de aire fresco en un sótano pintoresco y acogedor; en la planta de arriba hay un magnífico salón de té perfecto para desayunar antes de bajar al *pub*. *thebutterflyand thepig.com; 12.00-tarde*

Waterloo Bar
35 C7
El *pub* gay más antiguo de Escocia; acogedor y con parroquianos de todas las edades. *facebook.com/waterloo bar1; 12.00-23.00 do-ju, 12.00-24.00 vi y sa*

The Horse Shoe Bar
7 E6
Pub legendario, pintoresco y muy popular, que sigue igual desde su apertura a finales del s. XIX; *ale* auténtica y muy buen ambiente. *thehorses hoebarglasgow.co.uk; 11.00-24.00*

Drum & Monkey
36 E6
Madera oscura y columnas de mármol en este precioso *pub* con bancos de iglesia y sillones de cuero; cerveza de tanque y varias *ales* de barril. *nicholsonspubs.co.uk; 12.00-23.30 do-ju, 12.00-24.00 vi y sa*

Comprar

Música

Love Music
37 F6
Tienda de discos independiente con una buena selección de vinilos y actuaciones en directo; *rock*, música alternativa y punk, con muchas bandas escocesas. *lovemusic glasgow.com; 11.15-17.00 lu-sa*

Ropa

Slanj Kilts
38 E8
La tienda perfecta para alquilar o comprar una falda escocesa *(kilt)* –tradicional o moderna– además de otras prendas de tartán, camisetas y accesorios. *slanjkilts.com; 9.30-17.30 lu-sa, 11.00-16.00 do*

Adventure 1
39 F5
Tienda acogedora de ropa y botas de senderismo, mochilas y equipamiento militar excedente. *adventure1.co.uk; 9.00-17.30 lu-vi, 9.30-17.00 sa*

Celtic Store
40 E8
Equipamiento de fútbol y *souvenirs* del club de fútbol Celtic; hay una tienda más grande en el estadio y otra en el aeropuerto. *celticfc.com; 9.00-18.00 lu-sa, 11.00-17.00 do*

Centros comerciales

Buchanan Galleries
41 F5
En el cruce de Sauchiehall St y Buchanan St; centro comercial con muchas tiendas de ropa y los grandes almacenes John Lewis. *buchanan galleries.co.uk; 9.00-18.00 lu-mi, vi y sa, 9.00-19.00 ju, 10.00-18.00 do*

Sugerencias de lugares para comer y beber en **p. 69**

Explora
East End

La Glasgow medieval tuvo su origen en el East End, que se extiende a lo largo de High St desde la zona de la catedral hacia el sur hasta alcanzar el río. En esta parte de la ciudad están los edificios más antiguos de la ciudad, como la catedral de Glasgow y Provand's Lordship. También fue aquí donde se encontraban muchos de los barrios obreros victorianos demolidos durante la década de 1930 y sustituidos por bloques de viviendas y edificios. Zonas como Calton y Bridgeton están ahora en proceso de transformación y reconversión en distritos creativos. Calton, famoso en el pasado por sus fábricas de lino, es todavía uno de los barrios más desfavorecidos del país, pero durante el Barras Market se llena de vida.

Cómo desplazarse

A pie

Desde George Sq hasta la catedral hay 15 min a pie, 20 min hasta el Barras Market, igual que desde la catedral hasta el Barras.

Autobús

El transporte público no es muy útil en el East End; suele ser más rápido andar. Para llegar al Palacio del Pueblo desde el centro de la ciudad hay que tomar el autobús 18 desde Union St frente a Central Station hasta Green St en London Rd.

McLennan Arch, Glasgow Green (p. 66).
KENSOFTTH/SHUTTERSTOCK ©

LO MEJOR

ARQUITECTURA GÓTICA
Catedral de Glasgow (p. 57)

MERCADILLO
Barras Market (p. 66)

VISITA GUIADA DE UNA CERVECERÍA
Tennent's Brewery (p. 67)

PARQUE URBANO
Glasgow Green (p. 66)

MUSEO
St Mungo Museum of Religious Life & Art (p. 60)

0 200 m
Más información
Imprescindible p. 57
Experiencias p. 66
Comer p. 69
Beber p. 69
Friends of Glasgow Royal Infirmary Museum
Catedral de Glasgow
St Mungo Museum of Religious Life & Art
Provand's Lordship
Cathedral Sq
Necrópolis de Glasgow
DENNISTOUN
Tennent's Brewery
High St
Merchant Square
MERCHANT CITY
Glasgow Cross
Barras Market
CALTON
McLennan Arch
Glasgow Green
Monumento a Nelson
Palacio del Pueblo
Río Clyde
Stirling Rd
Castle St
Cathedral St
Wishart St
Collins St
Taylor St
Rottenrow East
Cathedral Sq
George St
Montrose St
Duke St
Ingram St
Albion St
Blackfriars St
Bell St
Trongate
Gallowgate
London Rd
St Andrew's St
Moncur St
Stevenson St W
Bain St
Barrack St
Melbourne St
Greendyke St
Monteith Row
Binnie Pl

★ IMPRESCINDIBLE

Catedral de Glasgow

El oscuro e imponente interior de la catedral de Glasgow le da un aire atemporal y evoca su poder medieval. Se trata de una brillante muestra de arquitectura gótica que, a diferencia de casi todas las otras catedrales escocesas, sobrevivió casi intacta a los disturbios que estallaron durante la Reforma.

Historia

Glasgow se formó alrededor de la catedral gótica que se construyó entre 1250 y 1500 sobre la tumba de san Mungo, donde se había erigido una catedral aún más antigua (1136). A diferencia de otros edificios religiosos de Escocia, este sobrevivió a la Reforma protestante de 1560 (cuando se vandalizaron y destruyeron muchas iglesias católicas). De hecho, de la antigua ciudad medieval hoy solo queda la catedral, el edificio más antiguo de Glasgow.

Nave

Lo primero que llama la atención al entrar en la catedral es su altura (32 m) y su elegancia. El tejado de madera ha sido restaurado muchas veces desde su construcción, pero parte de este data del s. XIV. En la ventana del lado oeste se puede ver **'La Creación'** (1958) de Francis Spear, con Adán y Eva. Los pasillos están separados por elegantes arcadas y a sus lados hay tumbas y memoriales de guerra, además de la **vieja campana** de 1790, fundida a partir de un molde de su predecesora del s. XVI.

Extremo oriental

El coro está en el lado este de la catedral, separado de la nave por una pantalla del coro, el **'pulpitum',** de piedra del s. XV, con siete pares de figuras que

PLANO: P. 56 **D1**

CONSEJO
En la catedral hay voluntarios dispuestos a contestar cualquier pregunta y señalar detalles interesantes. La entrada es gratis, pero se recomienda hacer una donación.

Escanea este código QR para más información práctica.

'La Creación' (p. 57). MANUELVELASCO/GETTY IMAGES ©

UNA PAUSA
Frente a la catedral, cruzando John Knox St, está el restaurante italiano **Celentano's,** perfecto para ir en familia, y más adelante **Drygate,** cervecería artesanal que sirve comida todo el día.

representan los siete pecados capitales. Tras ella, la imagen es impresionante: el coro con los cuatro arcos de lanceta de la **ventana oriental** de fondo, otro precioso trabajo de Spear que representa a los cuatro apóstoles.

En la esquina noreste está la **sala capitular superior,** la sacristía del s. XV, donde se fundó la Universidad de Glasgow en 1451 antes de mudarse a un edificio propio. Las **puertas de madera de roble** son las únicas originales de toda la catedral; hay orificios de bala y munición en la madera que dan fe de los violentos episodios que se produjeron durante la Reforma, en el s. XVI.

Iglesia baja

La catedral fue construida sobre una pendiente y bajo el coro hay un nivel que, al no ser subterráneo, no es en sentido estricto una cripta. Se trata de una iglesia baja abovedada con gruesas columnas –según se baja por las escaleras del lado sur, se puede ver una columna de la antigua catedral del s. XII–. Un altar moderno se erige sobre la **tumba de San Mungo.** Esta zona fue construida a mediados del s. XIII para darle un marco adecuado a la sepultura del santo.

Girola

En el extremo oriental hay una girola con cuatro capillas separadas por arcos; esta zona fue un escenario de la segunda temporada de la serie *Outlander* –representaba el L'Hôpital des Anges de París–. Aquí está también la **tumba del obispo Wishart,** defensor de Roberto I de Bruce y una figura clave en la construcción de la catedral. En la esquina de la capilla más al sur hay un **pozo** que se cree fue venerado antes de construirse la catedral, antes incluso de llegar el cristianismo a la región.

Pasillo Blackadder

La seriedad sombría de la catedral contrasta de manera fascinante con las espectaculares bóvedas blancas del pasillo Blackadder. Construido por orden de Robert Blackadder, obispo de Glasgow entre 1483 y 1508, fue diseñado como cripta de la capilla que se erigiría encima, pero que nunca se llegó a construir. En el techo hay una calavera tallada con gusanos saliéndole de las cavidades oculares.

ST MUNGO

El santo patrón de Glasgow es san Mungo, que murió en el 603. Durante los ss. XI y XII creció su leyenda y su tumba se convirtió en un importante destino de peregrinaje medieval.

PLACA DE STEWART DE MINTO

En la pared sur de la nave está uno de los monumentos más antiguos de la catedral: una vieja placa de latón con la figura de un caballero arrodillado y la fecha de 1606.

★ IMPRESCINDIBLE

St Mungo Museum of Religious Life & Art

Bajo el prisma del arte, el Museo de Arte y Vida Religiosa de San Mungo ofrece una mirada sobre las seis grandes religiones del mundo desde la época medieval hasta hoy. Poco conocido, muestra cómo se abordan las grandes cuestiones de la humanidad –nacimiento, matrimonio, muerte– desde diferentes perspectivas religiosas.

PLANO: P. 56 **C1**

CONSEJO
Las visitas al museo son muy populares entre grupos escolares. La catedral y Provand's Lordship están en la misma zona, así que es fácil evitar las horas con más visitantes.

Escanea este código QR para más información práctica.

Galería de arte religioso

La colección del museo incluye una estatua de Buda, una pintura indígena australiana sobre el ensueño y tótems nativos americanos. El espacio está enmarcado por vitrales de santos y ángeles creados por el artista prerrafaelita **Edward Burne-Jones.** También hay pinturas modernas de Robert McNeil y Peter Howson, incluida **'Masacre en Srebrenica'** (2019), junto a vitrales de los ss. XIV y XV.

Galería de la vida religiosa

El corazón del museo muestra cómo diferentes culturas y religiones abordan los grandes temas de la vida, como el nacimiento, la muerte, la madurez, el sexo, el matrimonio, la guerra o la vida después de la muerte. Los enfoques que se presentan provienen de lugares tan distantes como Benín o la Columbia Británica (Canadá), con muestras sobre el Día de los Difuntos, los *bar mitzvá* y mucho más.

La religión en Escocia

En la planta superior hay una exposición sobre la religión en Escocia que incluye la Reforma, los misioneros, el sectarismo, el multiculturalismo y la evolución de la sociedad escocesa hacia el laicismo. En una ventana con vistas a la catedral de Glasgow y la Necrópolis hay información sobre el palacio obispal que se erigió aquí en el pasado.

★ IMPRESCINDIBLE

Necrópolis de Glasgow

Detrás de la catedral de Glasgow se extiende sobre una colina verde salpicada de 3500 lápidas la enorme Necrópolis del s. XIX, que forma un cementerio lleno de tumbas victorianas de ricos magnates industriales, con preciosas vistas de la ciudad y marco perfecto para dar un paseo.

PLANO: P. 56 **D2**

Historia

El monte detrás de la catedral –en el pasado un jardín de recreo victoriano llamado Fir Park– fue transformado en la década de 1830 en un cementerio que se convirtió en el favorito de la clase alta de la ciudad. Es interconfesional –el primer enterrado aquí en 1832 fue un hombre judío– y es perfecto para dar un paseo. Hay más de 50 000 sepulturas y 3500 monumentos, incluidos algunos diseñados por Alexander Thomson y uno obra de Charles Rennie Mackintosh.

Monumentos

Desde la catedral se llega a la Necrópolis por el **Puente de los Suspiros** sobre el valle del río Molendinar Burn (hoy alcantarillado), donde se dice que san Mungo pescaba salmones. Luego hay que girar a la izquierda y seguir el camino hacia arriba, parando para admirar los monumentos y sus diversos estilos: desde el clásico griego hasta el árabe y el barroco. El más impresionante es el **mausoleo Monteath** (1850), con aspecto de iglesia templaria circular con motivos hindúes (el fallecido fue oficial de la East India Company).

En lo alto de la colina está el monumento de 1825 al líder de la Reforma protestante **John Knox;** las vistas de la catedral y del Glasgow Royal Infirmary (1905) a su derecha, son espectaculares.

CONSEJO

Se puede comprar una guía de la Necrópolis en internet o en la tienda del St Mungo Museum of Religious Life & Art; también se puede hacer una visita guiada (más información en la web).

Escanea este código QR para más información práctica.

CIRCUITO A PIE

Un paseo por el East End

La ciudad medieval creció a lo largo de High St, que conecta la catedral con el río Clyde y el Glasgow Green. Aunque quedan pocos restos medievales, hay murales modernos que recuerdan la historia de la ciudad junto a otros que celebran figuras modernas. El Green es un lugar perfecto para relajarse.

INICIO	FINAL	DURACIÓN
Catedral Square	Palacio del Pueblo	3,2 km; 1½ h

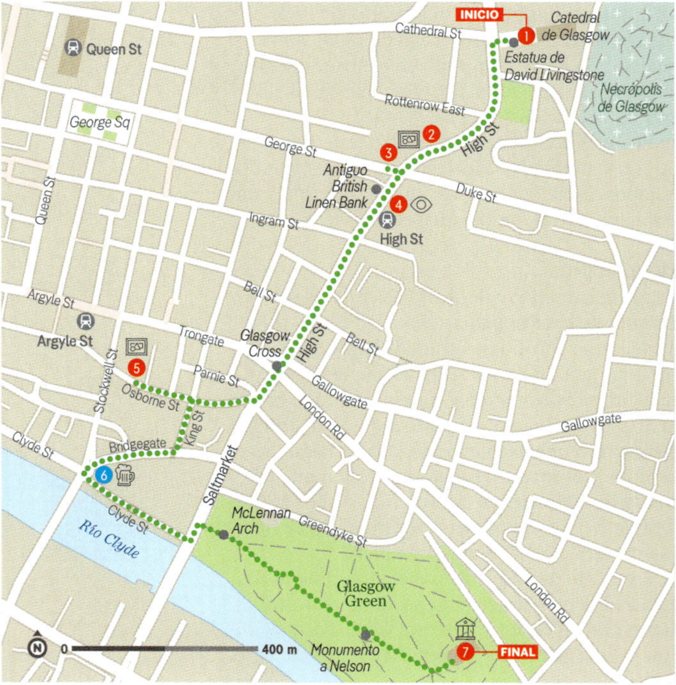

1 Cathedral Square
En la plaza frente a la catedral de Glasgow hay una estatua de David Livingstone (1813-1873), doctor, misionero y explorador escocés, que fue el primer europeo en llegar al lago Nyasa y a las cataratas Victoria en el interior de África.

2 Mural de San Mungo
Siguiendo cuesta abajo por High St se puede ver en la fachada lateral de la casa final de un bloque un enorme mural de un hombre con barba y gorro con un petirrojo posado en el dedo. Se trata de san Mungo, patrón de Glasgow. Se dice que de niño resucitó a un petirrojo que habían matado cruelmente un grupo de chicos, el primero de sus muchos milagros.

3 Más murales
En el cruce con George St se puede hacer un pequeño desvío a la derecha para ver otro mural: una mujer con un bebé (se trata de santa Enoch, una princesa del s. VI y madre de san Mungo).

4 Antigua universidad
De vuelta en High St se ve una mezcla de edificios modernos, espacios abiertos y una reliquia victoriana solitaria: el antiguo British Linen Bank con su elegante cúpula verde. Cruzando la calle hay una estación de tren donde en el pasado se erigía la antigua sede de la Universidad de Glasgow, desde 1460 hasta la década del 1870 cuando se traspasó al West End.

5 Mural de Billy Connolly
Aunque High St es la calle más antigua de Glasgow, queda poco de interés histórico aquí aparte del campanario de la caseta de peaje en Glasgow Cross. Girando a la derecha en Osborne St se puede ver el conocido mural del cómico Billy Connolly, basado en un retrato que le hizo su amigo, el dramaturgo John Byrne.

6 El Clutha y Mackintosh
En el Clutha and Victoria Bar hay más murales, incluido uno de Charles Rennie Mackintosh. Nada como tomarse un descanso en este bar de 200 años de antigüedad con algo de comida y bebida y luego seguir caminando a lo largo del río hacia el este, pasando por el McLennan Arch hasta el Glasgow Green, un parque público desde 1450.

7 Palacio del Pueblo
De paseo por las zonas verdes del parque se puede ver la gran columna de 44 m de altura del monumento a Nelson, construida en 1806 (décadas antes que la Columna de Nelson de Londres). El mejor lugar para terminar la ruta es el Palacio del Pueblo, una auténtica joya victoriana.

CIRCUITO A PIE

De paseo por el Barras

Todos los fines de semana el East End se llena de gente que se dirige al Barras Market, un mercado en un barrio tradicional de clase obrera, con estupendas tiendas *vintage* y artesanos creativos con productos de diseño y puestos de comida callejera. Es un lugar que captura perfectamente el espíritu de la ciudad.

INICIO	FINAL	DURACIÓN
Glasgow Cross	St Luke's & the Winged Ox	1,6 km; 1 h

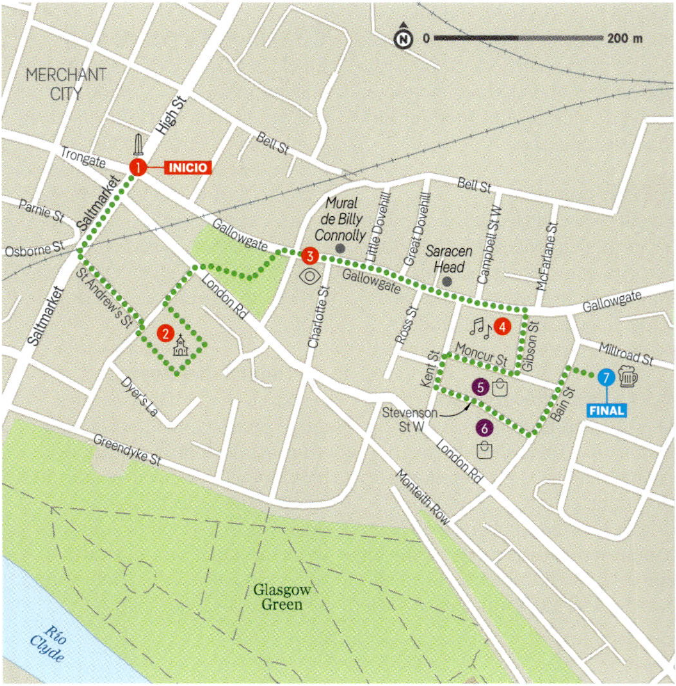

1 Glasgow Cross
El mejor lugar para comenzar este paseo es Glasgow Cross, donde se encuentra el campanario de la Tolbooth Steeple, de 1626, una torre de reloj que en su día formó parte del antiguo ayuntamiento; el pilar rematado por un unicornio es Mercat Cross, donde por decreto real se podía celebrar un mercado.

2 St Andrews in the Square
Hacia el sur por Saltmarket se llega a la St Andrews in the Square Church, que hoy alberga un centro cultural. Construida en 1756, es una de las iglesias neoclásicas más bonitas de Escocia, con columnas corintias, un elegante campanario y un frontón tallado con el escudo de la ciudad.

3 Camino al Barras
Gallowgate es típico del East End, una mezcla de tiendas delicatesen polacas, puestos de kebab y tiendas de reparación de móviles. En una fachada lateral se puede ver uno de los tres murales de Billy Connolly que se pintaron para conmemorar su 75º aniversario. Cerca está el *pub* Saracen Head (p. 69), más conocido como "Sarry Heid", un clásico del East End y favorito de los seguidores del Celtic.

4 Baile de todo tipo
La Barrowland Ballroom es una antigua sala de baile y uno de los locales de música más legendarios de la ciudad, con un mercadillo de segunda mano en la planta baja. Girando la esquina se puede ver un mural dedicado a la novela ganadora del Premio Booker en el 2020 *Shuggie Bain,* que transcurre en el East End de Glasgow y es obra del escritor escocés residente en EE UU Douglas Stuart.

5 El nuevo Barras
En medio de la zona del Barras está Barras Art & Design (p. 66), un contrapunto moderno a los puestos tradicionales del mercado, con objetos de artistas locales. Contrasta bastante con el resto del mercadillo, pero merece la pena entrar y explorar.

6 Compras 'vintage'
Oculto tras una fachada poco llamativa se encuentra el Randall's Antique & Vintage Centre, el paraíso de las antigüedades con dos docenas de vendedores que ofrecen objetos *vintage*.

7 Una iglesia reconvertida
Para terminar el paseo, lo mejor es disfrutar de una pinta de cerveza en St Luke's & the Winged Ox (p. 69), un *pub* ubicado en una antigua iglesia.

EXPERIENCIAS

Un sábado en el Barras Market MERCADO

PLANO: 1 P. 56 **C4**

El legendario mercadillo de fin de semana de Glasgow, el **Barras Market** *(barrowland.co.uk)*, es una combinación fascinante de modernidad y tradición de clase obrera local, que atrae a una mezcla cosmopolita de vecinos y turistas. Los puestos venden de todo, desde antiguas fotografías, pósteres y DVD hasta clásicos *vintage* y moda sostenible. Hay *pubs* clásicos y comida callejera, además de productos de diseño falsos y personajes poco fiables vendiendo tabaco de contrabando.

En el corazón mismo del Barras está **Barras Art & Design** *(baadglasgow.com)*, que ha dado un impulso nuevo al mercado con sus puestos *pop-up*, música en directo, un bar al aire libre y comida de fusión.

De paseo por el Glasgow Green PARQUE URBANO

Fundado por el obispo de Glasgow a mediados del s. xv, el **Glasgow Green** (PLANO: 2 P. 56 **B6**) es el parque público más antiguo de la ciudad, perfecto para caminar un rato, pasear al perro y celebrar festivales de verano. La entrada principal está en el lado oeste, a través del impresionante **McLennan Arch** (PLANO: 3 P. 56 **A5**), del s. xviii, que fue la entrada al edificio Assembly Rooms en Ingram St, al sur de George Sq. Cuando se derribó el edificio se conservó el arco, trasladándolo a varios sitios antes de que terminara aquí en 1991.

En el parque hay otros monumentos importantes, como el **monumento a Nelson** o la estatua de James Watt (1736-1819), el inventor escocés que perfeccionó la máquina de vapor que resultó clave como impulsora de la Revolución industrial.

La casa más antigua de Glasgow EDIFICIO HISTÓRICO

PLANO: 4 P. 56 **C2**

Frente a la catedral cruzando la calle está **Provand's Lordship** *(glasgowlife.org.uk; gratis)*, la casa más antigua de Glasgow y un ejemplo único de la arquitectura doméstica escocesa del s. xv. Fue construida en 1471 como casa parroquial, con techos bajos y puertas pequeñas. Las habitaciones están decoradas con mobiliario y objetos de la época, y en la planta superior una sala recrea la habitación de un capellán de principios del s. xvi. Una fascinante exposición de pinturas de la antigua Glasgow muestra la vida en los ss. xviii y xix.

Al son de las gaitas MÚSICA

Cada verano el Glasgow Green se llena del sonido de cientos de gaitas durante el **Campeonato Mundial de Bandas de Gaitas** *(rspba.org)*, que se celebra el tercer fin de semana de agosto y atrae a más de 35000 espectadores que acuden con escuchar a bandas de todo el mundo que compiten por el prestigioso título.

El campeonato se celebra todos los años desde 1947, y en el Glasgow Green desde 1986. Se puede comprar entradas con antelación en *glasgowlife.org.uk* o en la taquilla a la entrada del parque el día de la actuación.

Visita guiada a la Tennent's Brewery

CERVECERÍA

PLANO: 5 P. 56 **D3**

A pesar de la moda actual de las cervezas artesanas y las cervecerías *boutique,* una de cada tres pintas que se beben en Escocia son de cerveza rubia Tennent's, cuyo origen se remonta a 1885. Hoy se producen más de 200 millones de litros anuales, copando el 60% del mercado escocés de cerveza rubia.

La **Tennent's Brewery** *(tennents.co.uk; visitas guiadas 20 £)* lleva en el mismo lugar a las orillas del río Molendinar Burn bajo la colina de la Necrópolis desde su fundación en 1740 –es el negocio en funcionamiento continuo más antiguo de Glasgow– por los hermanos Hugh y Robert Tennent, uno de cuyos antepasados ya había fabricado cerveza en este mismo lugar en 1556.

Se ofrecen visitas guiadas de la cervecería –divertidas y con mucha información (90 min)– a diario cada hora entre las 11.00 y las 16.00 *(lu cerrado).* Conviene reservar por teléfono o internet. No se admite la entrada a menores de 12 años.

Ciudad pionera en investigación médica

MUSEO

PLANO: 6 P. 56 **C1**

El gran edificio neoclásico que se erige al norte de la catedral es el Glasgow Royal Infirmary, a la vanguardia de la ciencia médica desde su fundación en 1794. El pequeño **Friends of Glasgow Royal Infirmary Museum** *(friendsofgri.org; gratis; do y lu cerrado),* inaugurado en el 2022, explica la historia de algunos de los pioneros en

'QUERIDO LUGAR VERDE'

Aunque no se conoce el origen del nombre de Glasgow, es probable que provenga de las palabras británicas o gaélicas *glas chu,* que significa "hondonada gris-verde" y que puede hacer referencia al valle del Molendinar Burn, donde san Mungo fundó una comunidad religiosa en el s. VI justo en el lugar en el que hoy se erige la catedral. *"Dear Green Place"* ("querido lugar verde") es el apodo popular de Glasgow, el cual se basa en la traducción al inglés del gaélico Glaschu; se popularizó gracias a un cortometraje documental del mismo nombre, estrenado en 1968. Hoy el 32% de la ciudad son espacios verdes, el segundo porcentaje más alto de todo el Reino Unido después de Edimburgo.

investigación médica de Glasgow a través de antiguas fotografías, documentos e instrumentos científicos. Joseph Lister revolucionó la medicina cuando introdujo la cirugía antiséptica en 1865, y John MacIntyre, un electricista convertido en médico, desarrolló aquí el primer departamento de radiología en 1896. La entrada al museo está en Cathedral Square.

Un partido en el Paradise

FÚTBOL

PLANO: 7 P. 56 **D6**

Glasgow está dividida por una rivalidad futbolística sin igual (mayor que la existe en Madrid entre los hinchas del Real Madrid y los del Atlético de Madrid). Cuando los Celtics y los Rangers –conocidos como Old Firm– salen al campo, no solo están disputando una liga o una copa, sino que también están repitiendo antiguas rivalidades entre católicos y protestantes, irlandeses y británicos, conservadores y rebeldes, celtas y anglosajones.

Los colores del Celtic, fundado en 1887, son el verde y el blanco, y representan el lado católico. Fue el primer equipo británico en ganar la Copa de Europa (en 1967) y uno de los cinco únicos clubes del mundo que han ganado más de 100 trofeos.

Su campo es el Celtic Park *(celticfc.com),* también conocido como Parkhead o Paradise, donde el ambiente es algo especial (entradas a la venta en el sitio web del club). Hay visitas guiadas al estadio todos los días *(adultos/niños 17,50/12 £)* que muestran la sala de juntas, los vestuarios, el túnel de jugadores y el banquillo. Para llegar, hay que subirse al autobús 2 o 61 desde Ingram St hasta Society St en Gallowgate, a 10 min a pie del estadio.

CELTIC CONTRA RANGERS

La rivalidad entre los dos grandes clubes de Glasgow es una de las más antiguas de la historia del deporte y refleja las tensiones que han enfrentado a Escocia e Irlanda desde la batalla del Boyne en 1690. Aunque la mayoría de los seguidores ya no se identifican con estas etiquetas, se sigue viendo a los hinchas de los Rangers como protestantes y a los del Celtic como católicos. Ambos clubes están a la cabeza del fútbol escocés y entre los dos han ganado más de 100 campeonatos de liga; se han enfrentado más de 440 veces con un resultado muy igualado.

Localizaciones en el plano de la **p. 56**

Lo mejor para...

£ Económico ££ Medio £££ Alto

Comer

Comida de 'pub'

St Luke's & the Winged Ox ££
8 C5
Pub acogedor, unido a una iglesia reconvertida con actuaciones de música en directo todos los fines de semana; comida de calidad, como nachos, hamburguesas y *fish and chips. stlukes glasgow.com; 12.00-21.00*

Whistler on the Green ££
9 A5
Moderno y elegante, en la esquina noroeste del Glasgow Green; comida de *pub,* como el *Sunday roast* típico de los domingos, con pescado y opciones vegetarianas. *whistleronthegreen.co.uk; 17.00-21.00 lu, 12.00-21.00 ma-sa, 12.00-19.00 do*

Van Winkle ££
10 C4
Cerca del Barras Market y con un patio en la parte trasera; comida típica americana, como hamburguesas, bocadillos de carne y queso o sándwiches de ternera. *vanwinkle.co.uk; 12.00-22.00*

Cocina italiana

Celentano's £££
11 C2
En el precioso Cathedral House Hotel de 1896 y de estilo señorial escocés, es apto para ir con niños; cocina italiana y platos de temporada para compartir. *celentanos glasgow.com; 12.00-15.00 y 18.00-22.00 mi-sa, 12.00-18.00 do*

Cafeterías

Copperbox Coffee £
12 C2
Diminuta cafetería en una antigua cabina de policía –como la "Tardis" de la serie *Dr Who*– con excelente café y deliciosos sándwiches. *instagram .com/copperboxcoffee; 10.00-15.00 do-vi, 10.00-16.00 sa*

Beber

'Pubs'

Drygate
13 D2
Cervecería artesana con terraza donde se puede ver cómo se fabrica la cerveza; 24 cervezas de barril a la venta en un ambiente acogedor. *drygate.com; 11.00-24.00*

West on the Green
14 D6
Cervecería en una antigua fábrica de alfombras; su cerveza cumple todas las normas de pureza tradicionales alemanas. *westbeer.com; 11.00-23.00 do-ju, 11.00-24.00 vi y sa*

Saracen Head
15 C4
Un clásico del East End desde 1904 y favorito de los seguidores del Celtic, que se llena los días de partido. *12.00-24.00*

Sugerencias de lugares para comer, beber y comprar en **p. 90**

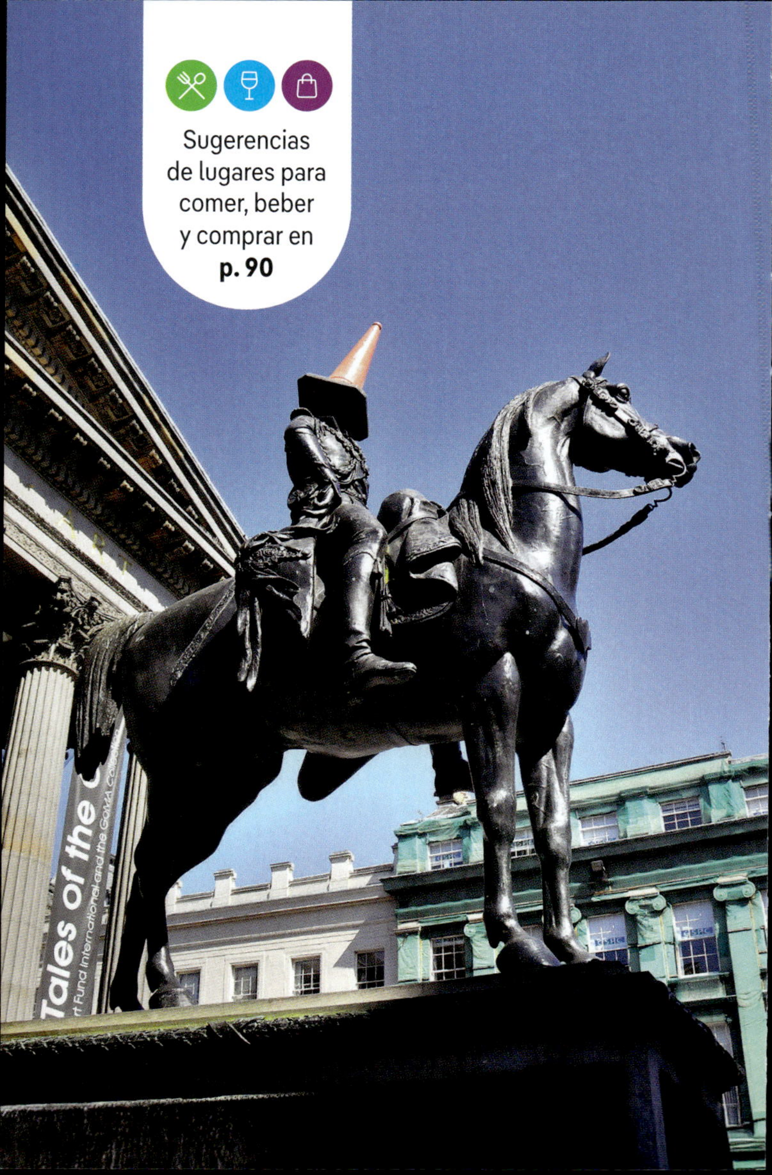

Explora
Merchant City

Lo que en el pasado fue el dominio de los grandes magnates industriales de la era victoriana, con sus bonitos y elegantes palacios de comercio, es hoy una zona vibrante, llena de restaurantes, bares y tiendas. La mejor forma de explorar Merchant City es dando un relajado paseo, para captar la esencia del barrio y poder apreciarlo como un conjunto arquitectónico coherente, en lugar de como una lista de sitios para visitar. Hay que mirar hacia arriba y fijarse en la fachada de los edificios al pasar; muchos de ellos fueron gremios comerciales, bolsas mercantiles, oficinas de empresas de transporte o agencias estatales, con elegantes fachadas neoclásicas e interesantes detalles arquitectónicos.

Cómo desplazarse

A pie
Merchant City es un barrio compacto de apenas 1,3 km^2; se puede recorrer a pie en cualquier dirección en 10 min.

Metro
La parada de metro St Enoch, en el extremo suroeste del barrio, es muy útil para ir y volver del West End.

Duque de Wellington, Gallery of Modern Art (p. 86).

LO MEJOR

EDIFICIO HISTÓRICO
City Chambers (p. 74)

MUSEO
Glasgow Police Museum (p. 86)

GALERÍA DE ARTE
Gallery of Modern Art (p. 81)

CIRCUITOS GUIADOS
Glasgow Music City Tours (p. 89)

TÉ DE LA TARDE
Corinthian Club (p. 86)

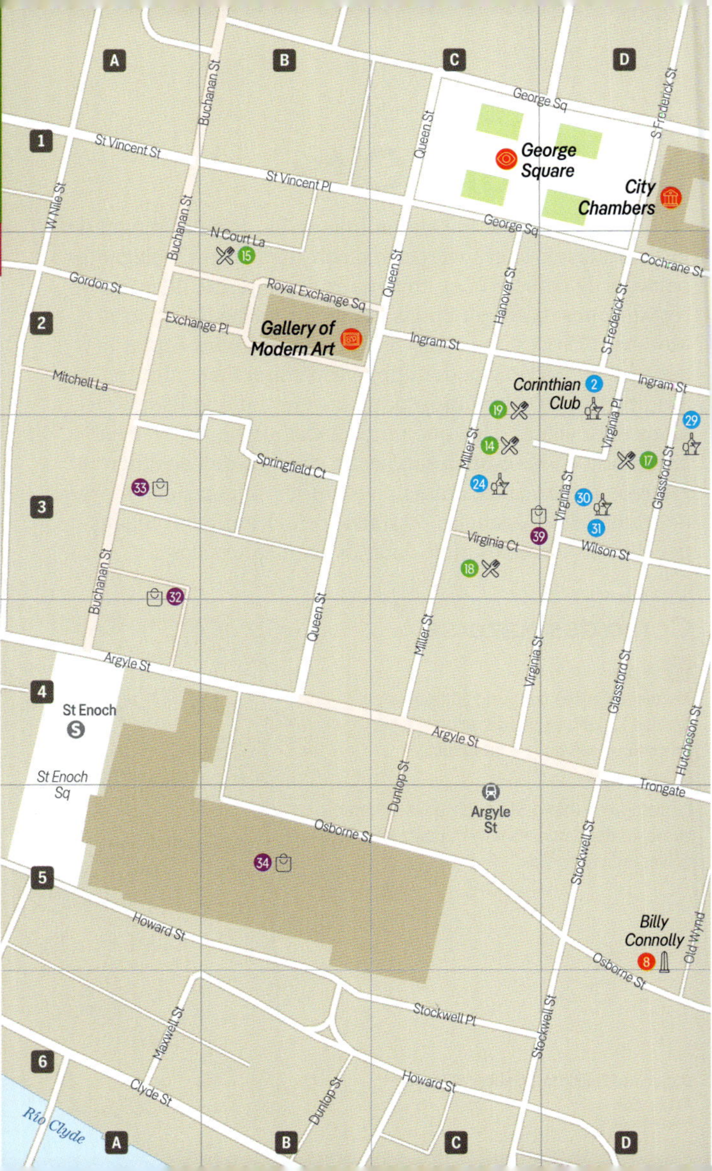
A
B
C
D
1
2
3
4
5
6
George Sq
S Frederick St
St Vincent St
St Vincent Pl
Buchanan St
W Nile St
Queen St
George Square
City Chambers
N Court La
15
Gordon St
Royal Exchange Sq
Exchange Pl
Gallery of Modern Art
Hanover St
S Frederick St
Cochrane St
Ingram St
Mitchell La
Corinthian Club
2
19
14
17
29
Virginia Pl
Miller St
Springfield Ct
24
30
31
33
39
Virginia St
Glassford St
Virginia Ct
Wilson St
18
32
Argyle St
St Enoch
St Enoch Sq
Dunlop St
Argyle St
Trongate
Hutcheson St
Osborne St
34
Stockwell St
Billy Connolly
8
Old Wynd
Howard St
Maxwell St
Stockwell Pl
Clyde St
Río Clyde

E
F
G
H
1
2
3
4
5
6
John St
Montrose St
Richmond St
N Portland St
George St
Cochrane St
Cementerio Ramshorn
Albion St
Shuttle St
College St
Ingram St
Hutcheson St
Garth St
Brunswick St
Fellow Glasgow Residents
9
3
City Halls
Old Fruitmarket
4
Candleriggs
Wilson St
5
Merchant Square Market
Blackfriars St
High St
Walls St
Bell St
MERCHANT CITY
Glasgow Police Museum
1
Tontine La
Trongate
Sharmanka Kinetic Theatre
Britannia Panopticon
6
7
New Wynd
King St
Chisholm St
Parnie St
Osborne St
10
11
12
13
16
20
21
22
23
25
26
27
28
35
36
37
38
Más información
Imprescindible p. 74
Experiencias p. 86
Comer p. 90
Beber p. 91
Comprar p. 92
0
200 m

★ IMPRESCINDIBLE

City Chambers

El ayuntamiento de Glasgow, conocido como City Chambers, es uno de los edificios más impresionantes de Escocia. Construido en la década de 1880 en un estilo mezcla de neoclásico y veneciano e inspirado por la arquitectura de *beaux arts,* fue inaugurado por la reina Victoria en 1888 tras superar cinco veces su presupuesto inicial.

PLANO: P. 72 **D1**

CONSEJO
A las 10.30 y 14.30 *(lu-vi)* hay visitas guiadas gratis (45 min). No se puede reservar con antelación y hay que llegar 20 min antes para asegurarse una plaza.

Escanea este código QR para más información práctica.

Exterior

La imponente fachada del edificio, de cuatro plantas, fue un potente símbolo de la riqueza de Glasgow cuando se construyó, y hoy todavía impresiona. Incorpora elementos neoclásicos y neobarrocos, así como un campanario altísimo. Las plantas superiores cuentan con ventanas venecianas, rodeadas en la planta más alta de esculturas que representan los ideales de la época.

En el frontón triangular sobre la entrada se muestra a la reina Victoria en su trono, recibiendo regalos de Escocia, Inglaterra, Irlanda y del Imperio británico. En lo alto del frontón se puede ver la **'Estatua de la Libertad de Escocia',** que representa la verdad con una antorcha con la figura de la riqueza a un lado, y la del honor en el otro.

Vestíbulo

Durante las horas de apertura del ayuntamiento se puede visitar gratis el vestíbulo, un espacio impresionante con columnas de granito rojo, cariátides de mica y mosaicos en el suelo y en el techo, un auténtico trabajo artesanal que evoca la preeminencia de Glasgow en el pasado como ciudad portuaria. El escudo distintivo de la ciudad -basado en los milagros que se le atribuyen a san Mungo,

AGF SRL/ALAMY STOCK PHOTO ©

patrón de Glasgow– aparece en el suelo junto a la entrada, con la consigna **"Let Glasgow Flourish"** ("Que Glasgow prospere"; foto). Los símbolos principales son un árbol (roble), un pájaro (petirrojo), un pez (salmón) y una campana, que han quedado inmortalizados en una rima que aprenden todos los escolares de la ciudad: *Aquí está el árbol que nunca creció / Aquí está el pájaro que nunca voló / Aquí está el pez que nunca nadó / Aquí está la campana que nunca sonó;* también en la canción pop *Mother Glasgow* del grupo local Hue & Cry. El pez tiene un anillo dorado en la boca. Según la leyenda, un rey celoso tiró el anillo al río Clyde y luego ordenó a la reina que se lo devolviera bajo amenaza de muerte; san Mungo envió a un monje a pescar al río y este volvió con un salmón de cuya boca el santo recuperó el anillo, salvando así la vida de la reina.

UNA PAUSA
Paesano Pizza, a una manzana y media al sur de George Square, es perfecto para almorzar; un poco más lejos está **Brutti Compadres,** un acogedor bar de tapas.

Escaleras

Para explorar el resto del edificio hay que apuntarse a una visita guiada. Los interiores, diseñados en un estilo renacentista italiano muy ornamentado, son aun más impresionantes que el exterior y han servido de escenario de muchos rodajes de películas, representando al Kremlin y al Vaticano. Las escaleras dobles de tres plantas, hechas de varios tipos de mármol de Carrara y alabastro, son las más grandes de Europa y recuerdan a los grabados de MC Escher. Son también la razón de que el coste del edificio subiera tanto –hasta el punto de que algunos de los paneles tuvieron que pintarse a mano imitando el mármol, para poder terminar el proyecto–. Según

JOHN P. WOODS/SHUTTERSTOCK ©

se sube las escaleras, se puede frotar el hocico del león como señal de buena suerte.

Debating Chamber

El consejo municipal solo se reúne aquí cada seis semanas, de manera que las visitas guiadas suelen incluir la cámara del consejo. Es una sala impresionante cubierta de caoba española tallada y en ella los visitantes se pueden sentar en las cómodas butacas de cuero rojo dispuestas en semicírculo frente al trono del Lord Provost (alcalde). Enfrente está el soporte para el cetro ceremonial y a cada lado de la sala hay una preciosa chimenea decorada con el escudo de la ciudad.

Banqueting Hall

La sala de banquetes, de más de 15 m de alto, es espectacular. El diseño de la alfombra copia el techo artesonado y dorado, y las lámparas de araña son una preciosidad que solo se pueden apreciar bien desde la galería de los juglares más arriba. Hay murales y cuadros firmados por algunos de los **Glasgow Boys** con representaciones de las artes y la artesanía, las virtudes, los ríos Tay, Forth, Clyde y Tweed, e imágenes de san Mungo, la construcción de barcos y la feria de Glasgow.

Picture Gallery

La planta superior, bajo una cúpula de cristal, está dedicada a los retratos de los Lord Provosts (alcaldes) pasados y otras figuras importantes de la ciudad. Es interesante ver las diferencias de estilo de los diversos artistas en distintas épocas; merece la pena fijarse en el irreverente **retrato de Pat Lally,** un político laborista que fue alcalde entre 1995 y 1999, apodado "Lázaro" por sus innumerables retornos a la política, obra de Peter Howson.

CUADRO DE HORNEL

En la **Satinwood Suite,** junto a la Debating Chamber, hay una pintura de Edward Atkinson Hornel que representa la primavera; las siete chicas del cuadro están inspiradas en una sola, la sobrina del pintor.

★ IMPRESCINDIBLE

Sharmanka Kinetic Theatre

Una de las atracciones más insólitas de Glasgow está escondida en la planta superior de un centro de arte. Merece la pena encontrarla para ver una función del teatro cinético Sharmanka, obra del escultor y mecánico Eduard Bersudsky, que constituye una auténtica maravilla tanto para adultos como para niños.

PLANO: P. 72 **E5**

CONSEJO
El calendario de funciones incluye opciones para todas las edades. Mejor llegar con tiempo para ver las esculturas antes de la función; el nivel de detalle es impresionante.

Escanea este código QR para más información práctica.

Historia

Bersudsky llegó a Escocia en la década de 1990 desde Rusia, donde ya había empezado a crear sus 'cinématas', unas elaboradas esculturas mecánicas hechas de chatarra y madera tallada, con motores y –parece que también– alma, que se mueven al son de la música. Cada figura representa una historia (a menudo de temática rusa), que a veces es cómica y a veces muy triste, pero siempre con irónicos comentarios sobre la condición humana.

Autorretrato con mono

Una de las figuras más conmovedoras de Bersudsky es Sharmanka, con cara lúgubre, cuernos en la cabeza y un cuerpo hecho de cadenas. Su nombre significa "organillo" y, al son de una canción tradicional rusa sobre el amor y la pérdida, esta extraña figura maniobra un escurridor (de ropa) y zapatea al ritmo de la música mientras un mono se balancea de un péndulo entre sus piernas. Esta pieza representa la tristeza que siente el artista en su exilio.

Rag 'n' Bone Man

Bersudsky a menudo consigue sus materiales en el cercano Barras Market (p. 64) y esta curiosa figura rinde tributo a los vendedores del mercadillo: una cara humana-animal con anteojos, una campana colgando de la nariz, una extraña figura a lomos de

SHARMANKA KINETIC THEATRE/ROBIN MITCHELL ©

un pájaro disecado sobre su cabeza, ventiladores en lugar de manos y un complejo engranaje con partes de máquinas de coser y una máquina de escribir como entrañas.

Time of Rats

La robusta máquina excavadora de madera de la base –un topo de nariz alargada, con cola y cuatro ruedas de púas– representa Rusia: fuerte y poderosa pero ciega. La estructura que soporta sobre su lomo está cubierta de ratas que juguetean con varios objetos –una máquina de escribir, otra de coser y un gramófono– y representan a todos los que controlan Rusia y se aprovechan de ello. Contemplando esta pieza es fácil entender por qué los políticos soviéticos no tenían mucha simpatía por la obra de Bersudsky.

★ IMPRESCINDIBLE

George Square

La plaza más grande e impresionante de la ciudad es George Square, el lugar elegido tradicionalmente para organizar protestas y manifestaciones, como la marcha a favor de la independencia de Escocia en el 2014. Este ha sido también el escenario elegido para el rodaje de películas y series, como *Succession* o *Guerra mundial Z*.

PLANO: P. 72 **C1**

CONSEJO

Hay circuitos a pie gratis a diario *(10.30)* desde el memorial de guerra en George Square, que comienzan con un paseo por la plaza (Glasgow Free Circuito a pie, *freetourglasgow.com*).

Escanea este código QR para ver la retransmisión en vivo de la webcam en la plaza.

Historia

Nombrada en honor al rey Jorge III, la plaza se comenzó a construir en 1781 pero no se completó hasta finales del s. XIX. Fue el escenario de la famosa **batalla de George Square,** en 1919, cuando la policía se enfrentó a manifestantes de clase obrera; el Gobierno envió 10 000 tropas y seis tanques para acabar con la revuelta por miedo a una revolución de inspiración bolchevique.

Edificios históricos

En el lado oriental está el espectacular **City Chambers** (p. 74), y desde él –en sentido de las agujas del reloj–, la antigua **General Post Office** (1878), la **Lomond House** (1924), la neoclásica **Monteith House** (1863) y la **Olympic House** (1905) en el sur; y en el lado occidental el antiguo **Bank of Scotland** (1870) y la **Merchants' House** (1874) con su torre con cúpula y un barco velero sobre un globo en lo alto.

Estatuas y monumentos

En la plaza hay una docena de estatuas de figuras históricas, como **Walter Scott** en el centro, la **reina Victoria** sobre un caballo, el poeta **Robert Burns,** el ingeniero **James Watt** y el pionero del cuerpo de policía **Robert Peel.** El memorial de guerra está custodiado por dos leones.

★ IMPRESCINDIBLE

Gallery of Modern Art

En un bonito edificio neoclásico, la Gallery of Modern Art alberga arte contemporáneo de artistas locales e internacionales. Las salas interiores originales ofrecen un claro contraste con las vanguardistas obras que contienen, la calidad de las cuales depende de las exposiciones, con muestras de todo tipo.

PLANO: P. 72 **B2**

El edificio

El edificio que alberga la galería, con una cúpula y un frente de columnas corintias, era en su origen la Bolsa –**Royal Exchange** (1827)–, donde se comerciaba con algodón, lino, carbón, hierro y otras mercancías. Está en el lugar donde se erigía otro edificio más antiguo: la residencia privada (1776) del magnate del tabaco lord William Cunninghame.

Piedra con historia

En los balcones elípticos sobre el vestíbulo hay una exposición permanente sobre la historia del edificio y su relación con el tráfico de esclavos; Cunninghame tenía plantaciones en el Caribe y gran parte de su fortuna, y la de Glasgow, fue fruto del comercio de azúcar y tabaco.

Las galerías

Las exposiciones temporales están en las galerías 1 y 3, y galería 2 se reserva para adquisiciones recientes. En la galería 4 está la exposición **"Domestic Bliss"** (Dicha doméstica), que hace un guiño al pasado del edificio como residencia privada. Se puede ver un vídeo introductorio de la comisaria y luego explorar las piezas de, entre otros, Grayson Perry, Mandy McIntosh, Anne Collier o Alasdair Gray (sus cuadros de la serie **City Recorder** documentan la vida diaria en Glasgow).

CONSEJO

En el sótano de la galería hay una cafetería y una biblioteca, un lugar ideal para escapar del bullicio urbano durante un rato o descansar después de ver las exposiciones.

Escanea este código QR para más información práctica.

CIRCUITO A PIE

Un paseo por Merchant City

Este circuito recorre los edificios históricos de Merchant City, que datan del s. XVIII, cuando el comercio transatlántico de tabaco trajo una enorme riqueza a la ciudad, y del s. XIX, durante el cual continuó la prosperidad de la ciudad gracias a las industrias naval y textil.

INICIO	FINAL	DURACIÓN
George Square	Merchant Square	1 km; 1 h

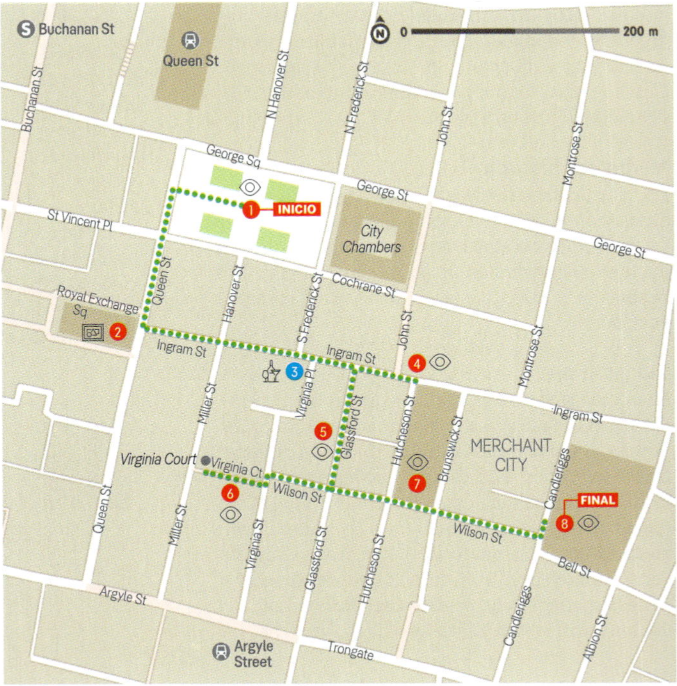

1 George Square

El centro cívico de Glasgow es la majestuosa George Sq, presidida por el City Chambers (p. 74) en el lado este y estatuas de figuras locales famosas en la plaza.

2 Gallery of Modern Art

Una manzana al sur por Queen St está la Gallery of Modern Art, un impresionante edificio con columnata de 1827, que fue en el pasado la Bolsa, donde los comerciantes se reunían para comprar y vender mercancías y servicios.

3 Corinthian Club

Siguiendo por Ingram St hacia el este se llega al bar y casino Corinthian Club, que cuando fue construido en 1842 era un banco. Merece la pena fijarse en el recargado estucado y en la cúpula de cristal, espectacular.

4 Hutcheson's Hall

También en Ingram St está Hutcheson's Hall (se puede ver su característica torre a la izquierda) Fue construido como hospital en 1805 para sustituir a otro más antiguo fundado por George y Thomas Hutcheson, cuyas estatuas del s. XVII se pueden ver en la fachada.

5 Trades Hall

Hacia el sur por Glassford St se pasa por Trades Hall, uno de los edificios inconfundibles de Merchant City gracias a su cúpula verde. La sobria fachada neoclásica fue diseñada en 1791 por Robert Adam para el gremio de oficios y hoy es el único edificio de Adam que queda en Glasgow.

6 Almacenes de tabaco

Girando a la derecha en Wilson St se puede seguir hasta Virginia St, que está llena de antiguos almacenes de tabaco, muchos de los cuales han sido reconvertidos en bares de copas, *boutiques* de moda y bloques de apartamentos. Para echar un vistazo, hay que pasar bajo el arco en Virginia Court, la antigua sede del comercio de tabaco.

7 Old Sheriff Court

De vuelta en Wilson St no hay que perderse el enorme pórtico de seis columnas jónicas del Old Sheriff Court, construido en 1844. El edificio se abandonó en 1986 y hoy se ha reconvertido en apartamentos de lujo.

8 Merchant Square

Siguiendo hacia el este por Wilson St se llega a la fachada con columnata de Merchant Square, un patio cubierto construido en la década de 1880 como parte del mercado de fruta de la ciudad, pero que hoy está lleno de bares y cafeterías.

CIRCUITO A PIE

De compras en la Style Mile

Gente de toda Escocia va de compras a las calles peatonales de Glasgow, que están llenas de tiendas. La mayoría son cadenas conocidas, pero están todas en el mismo sitio, y eso atrae a la gente. El tramo desde Argyle St hasta el extremo norte de Buchanan St se conoce como la Style Mile (Milla del Estilo).

INICIO	FINAL	DURACIÓN
Gallery of Modern Art	Buchanan Galleries	2,4 km; 1 h

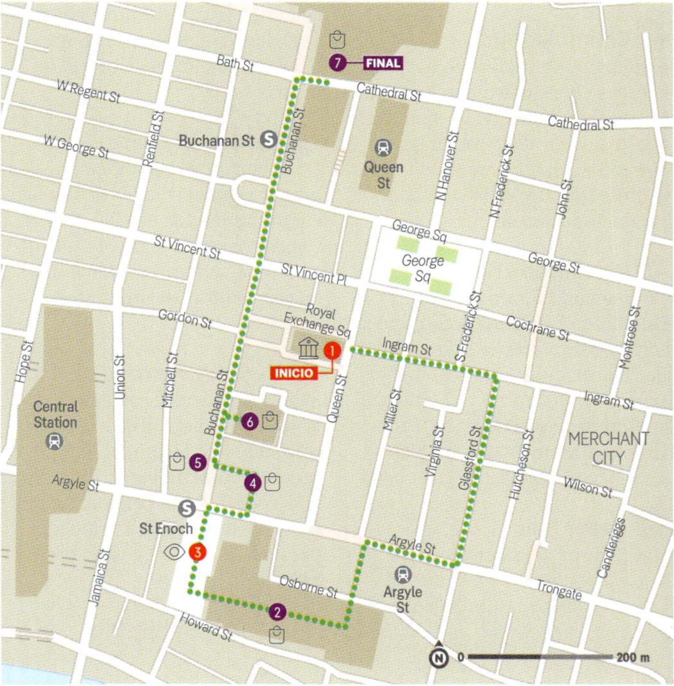

1 Ingram Street
Lo mejor es comenzar junto a la Gallery of Modern Art (p. 81). La estatua del duque de Wellington (con un cono de tráfico en la cabeza) señala el camino que hay que seguir por Ingram St, donde se encuentran varias tiendas de lujo como Ralph Lauren, Emporio Armani, Mulberry, Boss, Gant o Cruise.

2 St Enoch Centre
Hacia el sur está la zona peatonal de Argyle St y la entrada de Dunlop St al palacio acristalado del centro comercial St Enoch, perfecto si se viaja con niños ya que dentro están la tienda de juguetes Hamleys y la de ropa infantil Bunny & Bear, además de muchas otras tiendas conocidas.

3 St Enoch Square
Por la salida de St Enoch Square se llega a un pintoresco edificio victoriano con torretas de 1896, en el que en el pasado estaba la taquilla para el metro; hoy hay una cafetería.

4 Todo lo que brilla
La preciosa Argyll Arcade (p. 92) es una galería comercial que abrió en 1827 y que conecta Argyle St con Buchanan St. Merece la pena parar y charlar con los simpáticos porteros con sombrero de copa y luego entrar en la galería acristalada, llena exclusivamente de joyerías y relojerías.

5 Esplendor victoriano
Los grandes almacenes Frasers están a la salida, cruzando la calle, en un edificio con un atrio espectacular de cinco plantas y techo de cristal, una reliquia del pasado, cuando el espacio era la tienda victoriana de muebles Wylie & Lochhead; todavía se pueden ver las iniciales W&L talladas en piedra sobre la entrada principal.

6 Peacock Palace
Entre todo el lujo que destila la Style Mile destaca la inconfundible fachada tipo pavo real del Princes Square (p. 92), un antiguo centro comercial renovado. Dentro todo es hierro forjado y luz, con una selección de tiendas de moda como Kurt Geiger, Kate Spade New York y French Connection.

7 En lo alto del monte
Siguiendo por Buchanan St puede parecer que se terminan las tiendas, pero no, todavía quedan las Buchanan Galleries (p. 53), con unos grandes almacenes John Lewis y más de 80 tiendas, como Schuh, Mango y Scottish Design Exchange.

EXPERIENCIAS

El duque y el cono de tráfico

FOTOGRAFÍA

Hay una imagen que refleja a la perfección el espíritu de Glasgow: la estatua ecuestre frente a la Gallery of Modern Art en Royal Exchange Square. Se trata del duque de Wellington con un cono de tráfico sobre la cabeza.

La historia del cono se remonta a la década de 1980, cuando apareció por primera vez sobre la cabeza de la estatua, probablemente obra de algún estudiante con alguna cerveza de más. A esto siguieron décadas de lucha entre el Ayuntamiento (que quitaba el cono) y la gente (que volvía a colocarlo sobre la cabeza), y al final el cono se quedó como símbolo del sentido del humor local y la voluntad democrática de la ciudad. Durante los eventos especiales el cono cambia de color –la bandera arcoíris durante el Orgullo de Glasgow, dorado durante los Juegos de la Commonwealth del 2014, y azul y amarillo en apoyo a Ucrania–. Es un símbolo claro del orgullo que siente la gente de Glasgow de sus orígenes de clase trabajadora y de su tradición antisistema.

Uno de los cuerpos de policía más antiguos del Reino Unido

MUSEO

PLANO: 1 P. 72 **F4**

Es un dato poco conocido, pero la policía urbana más antigua del Reino Unido no es la Policía Metropolitana de Londres (fundada en 1829), sino la Policía de la ciudad de Glasgow (fundada en 1800). Este y muchos otros datos históricos pueden descubrirse en el **Glasgow Police Museum** *(policemuseum.org.uk; gratis)*, subiendo unas escaleras frente a Merchant Square. La visita dura 1 h y merece la pena.

Entre los uniformes, viejas fotografías e informes sobre crímenes famosos –como los asesinatos de Bible John de la década de 1960 o el robo en 1950 de la Piedra del Destino–, hay también curiosidades como el hecho de que el padre de Charles Rennie Mackintosh fuera un superintendente de policía y consiguiera el primer encargo pagado del arquitecto: diseñar la lápida del jefe de policía Alexander McCall, que murió en 1888 y está enterrado en la Necrópolis de Glasgow.

Merece la pena charlar con los policías jubilados que trabajan en el museo y tienen cantidad de historias fascinantes que contar sobre la ciudad.

Té de la tarde en el Corinthian Club

COMER FUERA

PLANO: 2 P. 72 **D2**

El edificio del nº 191 de Ingram St es uno de los más recargados en un barrio donde no falta la arquitectura decorativa. El edificio original era del s. XVIII pero fue reconstruido y convertido en banco en 1841. Más tarde albergó oficinas, luego un tribunal y, a finales del s. xx, el Corinthian Club *(thecorinthian club.co.uk)*. La fachada es como una tarta de boda llena de detalles extravagantes al estilo veneciano, como estatuas y blasones.

Pero lo que verdaderamente impresiona es el interior, con columnas corintias, techos artesonados y preciosos estucados. Nada como darse un capricho y reservar mesa para tomar el té de la tarde con champán entre el esplendor palaciego del **Teller's Bar,** con su cúpula de cristal y preciosas cornisas doradas, que reflejan el legado de la época en que Glasgow era uno de los principales motores económicos del Imperio británico.

Tras el rastro de los murales — ARTE CALLEJERO

Desde el 2008 Glasgow ha estado decorando solares abandonados y fachadas laterales en el centro de la ciudad con murales. Se puede seguir un circuito que recorre más de 30, el **City Centre Mural Trail** *(citycentremuraltrail.co.uk)*; hay un plano interactivo en el sitio web o se puede descargar uno en *glas gow.gov.uk* (introduciendo "mural" en la casilla de búsqueda).

El circuito comienza en el East End, donde están los murales más famosos –de los santos patronos de la ciudad, san Mungo y santa Enoch, su madre– junto a High St (p. 63), pero la mayoría de los murales restantes están en Merchant City y sus alrededores.

Música clásica en City Halls — MÚSICA EN DIRECTO

La Orquesta Sinfónica Escocesa de la BBC fue la primera orquesta profesional de Escocia, fundada en 1935 por BBC Radio. En un principio tuvo su base en la sede de la BBC en Glasgow, en el West End, pero en el 2006 se mudó al renovado **City Halls** (PLANO: 3 P. 72 **F3**; *glasgowlife.org.uk*) en Merchant City, un edificio de 1841. Su auditorio rectangular es famoso por tener una acústica excelente; hay conciertos semanales de la Orquesta Sinfónica Escocesa de la BBC y también de la Orquesta de Cámara Escocesa.

Junto a City Halls está el **Old Fruitmarket** (PLANO: 4 P. 72 **F3**), un mercado victoriano que se ha reconvertido en un espacio para conciertos (de folk, pop, *jazz* y músicas del mundo), con sus columnas de hierro forjado originales y el tejado abovedado.

En el sitio web de GlasgowLife se puede consultar el programa de eventos de ambas salas y comprar entradas.

Los puestos de Merchant Square — MERCADO

PLANO: 5 P. 72 **F4**

Merchant Square, el antiguo mercado de frutas y verduras de la ciudad, es hoy un lugar lleno de bares, restaurantes y locales de ocio. Los sábados y domingos *(11.00-17.00)* la sala principal acoge el Merchant Square Market *(mer* *chantsquareglasgow.com),* con puestos de artesanía, joyería, menaje del hogar y dulces, todo hecho en Glasgow.

Autobús turístico CIRCUITO

Los autobuses descapotables de dos pisos rojos de **City Sightseeing Glasgow** *(citysightseeingglasgow.co.uk; adultos/niños desde 18/10 £)* ofrecen dos rutas, ambas desde George Sq: la roja incluye Merchant City, el centro de Glasgow y el West End; y la amarilla recorre el East End y Southside. Los autobuses salen cada 15 min (cada 30 min nov-mar) entre las 9.00 y las 17.30, y se puede subir y bajar cuando se quiera; es una buena alternativa a los autobuses urbanos y el metro para desplazarse por la ciudad.

Se puede comprar el billete en internet con una validez de uno o dos días. Todos los autobuses incluyen narración multilingüe y son accesibles en silla de rueda.

El 'music-hall' más antiguo MUSIC-HALL

PLANO: 6 P. 72 **E5**

En 1906, con solo 16 años, Stan Laurel debutó en los escenarios en el **Britannia Panopticon** *(britanniapanopticon.org)* de Glasgow, antes de saltar a la fama como la mitad más esbelta del dúo cómico El Gordo y el Flaco. El Britannia abrió en 1857 y es el *music-hall* más antiguo del mundo todavía en pie. En 1938 cerró, pero desde 1997 un grupo de voluntarios lo han estado restaurando. Todavía queda mucho trabajo por hacer, no hay calefacción y varias zonas tienen aún un aspecto algo descuidado.

Para apoyar el proyecto de conservación, se organizan una serie de espectáculos: comedia, *drags,* pantomima, además de noches de películas de El Gordo y el Flaco. Quienes no puedan ir a una función, pueden visitar el *music-hall* *(12.00-17.00, ju-sa, adultos/niños 2/1 £).* La entrada está algo escon-

SEÑORES DEL TABACO

La riqueza que acumuló Glasgow durante los ss. XVIII y XIX fruto del comercio de tabaco, ron y azúcar ha quedado reflejada en la impresionante arquitectura victoriana que financiaron los magnates del comercio y la industria de la ciudad. Estos hombres, que se enriquecieron con el comercio transatlántico –y con la esclavitud que lo sustentaba–, eran conocidos como los "señores del tabaco" y Merchant City está llena de recordatorios de su legado. En marzo del 2022 el consejo municipal de Glasgow pidió perdón públicamente por el papel que desempeñó la ciudad en el tráfico de esclavos, declarando que los 'tentáculos' del dinero que generó han llegado a cada rincón de Glasgow.

dida, en la estrecha callejuela New Wynd, junto a Trongate.

Caminar por la Ciudad de la Música — CIRCUITO

En el 2008, Glasgow fue la tercera ciudad declarada Ciudad de la Música por la Unesco en reconocimiento a su escena musical. Para explorar su espíritu musical, se puede hacer el circuito **Glasgow Music City Tours** *(glasgowmusiccitytours.com; adultos/niños 19,50/14 £)*; su ruta por Merchant City comienza en el Clutha & Victoria Bar (p. 115) para luego pasar por el Britannia Panopticon (p. 88), City Halls y el Old Fruitmarket (p. 87), antes de ir a la Barrowland Ballroom (p. 65) en el East End. Los guías animan el paseo con entretenidas anécdotas sobre cada lugar, como la famosa actuación de los Stranglers en City Halls en 1977, que provocó que el Ayuntamiento empezara a prohibir los conciertos de música punk.

Al ritmo de Celtic Connections — FESTIVAL MUSICAL

Una de las ventajas de ir a Glasgow en invierno es la oportunidad de asistir al festival **Celtic Connections** *(celticconnections.com)*, una celebración de la música tradicional celta y folk que explora los vínculos de la música escocesa con culturas de todo el mundo. Durante las dos últimas semanas de enero tienen lugar unos 300 eventos repartidos por más de 30 locales en toda la ciudad, incluidos City Halls y el Old Fruitmarket (p. 87) en Merchant City. Se puede consultar el programa y comprar entradas en la web.

LOS MEJORES MURALES DE MERCHANT CITY

El proyecto muralista de Glasgow que comenzó en el 2008 continúa embelleciendo lugares abandonados de toda la ciudad. Hoy hay más de 30 murales repartidos por todo el centro de la ciudad.

Santa Enoch con su hijo

PLANO: 7 P. 72 **H2**

Una interpretación moderna de la historia fundacional de Glasgow: santa Enoch con su hijo, san Mungo, en brazos. El pájaro simboliza a san Mungo.

Billy Connolly

PLANO: 8 P. 72 **D5**

Basado en un retrato firmado por el artista, dramaturgo y amigo personal de Connolly, John Byrne, en homenaje al 75° aniversario del cómico.

Fellow Glasgow Residents (los otros residentes de Glasgow)

PLANO: 9 P. 72 **F3**

A través de los huecos pintados en la pared se pueden ver todos los animales que habitan en los parques de Glasgow.

SUGERENCIAS

Lo mejor para...

£ Económico ££ Medio £££ Alto

Localizaciones en el plano de la p. 72

Comer

Cafeterías

Café Gandolfi ££
10 G4
Opciones de todo tipo con un café y desayuno excelentes; arriba hay un bar (p. 91) y comida de bistró de calidad en un entorno de temática medieval. *cafegandolfi.com; 8.00-17.00 lu, 8.00-22.30 ma-sa, 9.00-17.00 do*

Mono £
11 F6
Un clásico de ambiente relajado que ofrece comida vegana y buena cerveza en una tienda de discos (p. 93). *monocafebar.com; 11.00-22.00 lu-sa, 12.00-22.00 do*

Wilson Street Pantry ££
12 F4
Cafetería de moda, perfecta para el *brunch;* cuenta con una carta creativa con platos clásicos reinterpretados, como huevos Benedict con salchicha italiana en lugar de beicon. *wilsonstreetpantry.com; 9.00-16.00*

Spitfire Espresso £
13 F3
Una acogedora cafetería cerca del campus de la Universidad de Strathclyde, con excelente café y deliciosas opciones de desayuno y *brunch. spitfireespresso.com; 8.00-17.00 do-ju, 8.00-18.00 vi y sa*

Alta cocina

Spanish Butcher £££
14 C3
Ofrece carne de vacuno de primera calidad del norte importada desde España; los mejores cortes son para compartir en un entorno de decoración industrial con sillas de mimbre. *spanishbutcher.com; 12.00-23.00 do-ju, 8.00-24.00 vi y sa*

Glaschu £££
15 B2
Se trata de un oasis de alta cocina en un espectacular edificio neoclásico junto a la Gallery of Modern Art; aquí se encuentran los mejores ingredientes escoceses con un toque internacional. *glaschurestaurant.co.uk; 12.00-23.00*

Comida de 'pub'

Bar 91 £
16 F3
Cocina por encima de la media en este *pub* tipo gastrobar con terraza. *bar91.co.uk; 11.00-24.00 ma-sa, 9.00-24.00 sa y do*

Soulsa Bar & Kitchen £
17 D3
Bar acogedor en el Trades Hall con DJ y sesiones de micrófono abierto de música *soul;* la carta está inspirada en la cocina del sur de EE UU. *soulsabar.co.uk; 10.00-24.00*

Tapas

Brutti Compadres ££
18 C3
Elegante bar de tapas en un patio interior entre Miller St y Virginia St; muchos dicen que aquí sirven los mejores nachos de la ciudad. *brutticompadres.com; 12.00-1.00 ma-sa, 10.00-1.00 do*

'Pizza'

Paesano Pizza £
19 C2
Deliciosas *pizzas* al estilo tradicional napolitano; opciones de vino barato y un par de ensaladas, todo a muy buen precio. *paesanopizza.co.uk; 12.00-22.30 do-ju, 12.00-24.00 vi y sa*

Cocina india

Dakhin ££
20 F3
Algo diferente a los típicos curris de la ciudad; platos del sur de la India como *dosas* (crepes de arroz) y una deliciosa variedad de curris con base de leche de coco. *dakhin.com; 12.00-14.00 y 17.00-22.30 lu-vi, 13.00-22.30 sa y do*

Beber

'Pubs'

BrewDog Glasgow Merchant City
21 E3
Deliciosas cervezas en un ambiente animado y divertido; dispone de la friolera de 25 cervezas de barril. *brewdog.com; 11.00 -24.00 lu-vi, 10.00-24.00 sa y do*

Babbity Bowster
22 G4
Uno de los *pubs* más encantadores del centro de la ciudad, perfecto para tomarse una cerveza en el patio contiguo; además, hay actuaciones regulares de música folk. *babbitybowster.com; 12.00-24.00*

Blackfriars of Bell St
23 F4
Relajado y con buen ambiente; el personal es amable y hay música en directo de forma habitual. *blackfriarsglasgow.co.uk; 12.00-24.00*

Bares

Spiritualist
24 C3
Precioso bar de lujo en una antigua biblioteca, ideal para tomarse un cóctel o un *gin-tonic*. *thespiritualistglasgow.com; 16.00-24.00 mi, 12.00-24.00 ju-sa, 12.00-23.00 do*

Bar Gandolfi
véase 10 G4
Sobre la cafetería del mismo nombre (p. 90), es una joya que no tiene nada que ver con los ruidosos *pubs* de Merchant Square justo enfrente. Taburetes y mesas de madera, arte en las paredes y un ambiente relajado para disfrutar de un cóctel de calidad. *cafegandolfi.com; 12.00-24.00*

Corinthian Club
véase 2 D2
Un casino muy especial en un antiguo banco con un espectacular techo abovedado y preciosas lámparas de araña; el bar principal es impresionante, con floridos estucados y cornisas doradas. *thecorinthianclub.co.uk; 12.00-22.00 ju, 12.00-3.00 vi y sa, 12.00-20.00 do*

Artà
25 G4
Lujo de inspiración mediterránea algo exagerado; aquí el viajero encontrará ambiente relajado y buenos cócteles. *arta.co.uk; 17.00-24.00 ju, 17.00-3.00 vi, 12.00-3.00 sa*

Gay

The Underground
26 E2
En un sótano en la cosmopolita John St; ambiente relajado y una gramola gratis (con un poco de Abba y mucha música *indie*). *facebook.com/undergroundglasgo; 18.00-24.00 lu-vi, 12.00-24.00 sa, 14.00-24.00 do*

Katie's Bar
27 E2
Es fácil pasar de largo la entrada de este bar

LGTBIQ+, en un sótano con mesa de billar y música en directo los fines de semana; muy agradable, es perfecto para la primera copa de la noche. *katiesbar.co.uk; 15.00-24.00 lu-ju, 12.00-24.00 vi y sa, 12.30-24.00 do*

Speakeasy

28 E2

Pub relajado y acogedor que a medida que avanza la noche se convierte en una discoteca con DJ que tocan los himnos gay a todo volumen. La entrada es gratis y sirven comida hasta las 21.00. *speakeasyglasgow.co.uk; 20.00-1.00 ju, 18.00-3.00 vi y sa, 20.00-3.00 do*

AXM

29 D3

Sede en Glasgow de la popular discoteca de Mánchester, animada y acogedora; es un excelente lugar para terminar la noche. *facebook.com/axmclubglasgow; 22.00-4.00 vi y sa*

Delmonica's

30 D3

Popular y con una amplia mezcla de edades y orientaciones, es un lugar agradable para tomarse una copa por la tarde, y al anochecer se llena y anima con noches de bingo, concursos, espectáculos de *drags* y otros eventos. *delmonicas.co.uk; 14.00-1.00 lu-ju, 12.00-1.00 vi-do*

Polo Lounge

31 D3

Uno de los principales locales gay de la ciudad; Polo Club y Club X abajo se llenan los fines de semana; ojo porque los porteros son bastante estrictos. Las otras noches están abiertos solo los bares de arriba y en uno de ellos, el Riding Room, hay espectáculos de cabaré. *pologlasgow.co.uk; 21.00-3.00 do-ju, 19.00-4.00 vi y sa*

Comprar

Centros comerciales

Argyll Arcade

32 A3

Preciosa galería comercial histórica repleta de joyerías y relojerías, con porteros con sombreros de copa en la puerta y muchas parejas comprando el anillo de compromiso. *argyll-arcade.com; 10.00-18.00 lu-mi, 8.30-18.30 ju, 8.00-18.00 vi y sa, 10.00-17.30 do*

Princes Square

33 A3

Situado en una magnífica plaza victoriana, con precioso hierro forjado y una fachada inspirada en un pavo real; cuenta con muchas tiendas de belleza y moda y una buena selección de restaurantes y cafeterías. *princessquare.co.uk; tiendas 10.00-18.00*

St Enoch Centre

34 B5

Enorme centro comercial con techo de cristal en el extremo sur de la Style Mile de Glasgow; entre sus muchas tiendas hay una de Hamleys, la legendaria tienda de juguetes londinense. *st-enoch.com; 9.00-18.00 lu-sa, 10.00-18.00 do*

Moda 'vintage'

Mr Ben

35 E6

Una de las mejores tiendas de la ciudad de ropa *vintage*, con una buena selección de marcas tipo Fred Perry y otras más glamurosas, además de ropa deportiva. *mrbenretroclothing.com; 12.00-17.00 mi-vi, 10.30-17.00 sa, 12.30-17.00 do*

Arte

Glasgow Print Studio

36 E5

Galería con exposiciones de calidad y ediciones limitadas de grabados y litografías; la entrada está en King St. *glasgowprintstudio.co.uk; 10.00-17.30 ma-sa*

Street Level Photoworks

37 E5

Buenas exposiciones de fotografía, cursos y talleres; con entrada en King St. *streetlevelphotoworks.org; 12.00-17.00 ma-do*

Música

Monorail

véase 11 F6

Tienda de discos independiente con una buena selección de *rock* alternativo y experimental, punk, *reggae, soul* y *jazz;* comparte espacio con la cafetería vegana Mono (p. 90). *monorailmusic.com; 11.00-19.00 lu-sa, 12.00-19.00 do*

Record Fayre

38 F5

Tienda de música que lleva aquí años, con una excelente selección de vinilos de segunda mano. *facebook.com/recordfayre; 11.00-17.00 ma, 10.00-17.00 mi-sa*

Adultos

Luke & Jack

39 D3

Artículos subidos de tono en esta tienda muy popular entre la comunidad gay, con opciones para todo el mundo, desde juguetes humorísticos hasta ropa fetiche. *facebook.com/lukeandjack; 11.00-18.00 lu-sa, 12.00-17.00 do*

Sugerencias de lugares para comer, beber y comprar en **p. 114**

Explora Southside y el Clyde

Gracias a la construcción naval, la zona alrededor del río Clyde fue en el pasado una región muy próspera. Aunque tras la guerra cayó en el abandono, recientemente ha sido objeto de varios proyectos de renovación. Southside, una densa red de calles con grandes parques, tiene un aire cosmopolita, con una escena gastronómica en auge, varios centros culturales muy interesantes y excelentes lugares de interés que explorar. Las dos visitas obligadas en el Clyde son el Riverside Museum y el Glasgow Science Centre, perfectos para ir con niños. Entre los dos hay un paseo de 1,5 km, pasando por la destilería Clydeside.

Cómo desplazarse

Bicicleta

Hay puntos de alquiler de bicis NextBike por todo el Clyde Walkway, que va desde el centro hasta el Riverside Museum y Cuningar Loop.

Autobús

La mejor manera de desplazarse en Southside es en autobús; las líneas 3, 4, 38 y 57 pasan por Pollokshaws Rd.

Metro

Desde la estación de metro Govan se puede ir al centro de Glasgow y al West End.

Tren

La Cathcart Circle Line desde Central Station es la mejor forma de llegar a Hampden (estación Mount Florida) y Holmwood House (estación Cathcart).

Riverside Museum (p. 102).
BINSON CALFORT/SHUTTERSTOCK ©, ARCHITECT: ZAHA HADID

★

LO MEJOR

COLECCIÓN DE ARTE
Burrell Collection (p. 98)

VISTAS PANORÁMICAS
Torre de Glasgow (p. 104)

MUSEO PARA IR CON NIÑOS
Riverside Museum (p. 102)

CRUCERO POR EL RÍO
PS *Waverley* (p. 112)

ARQUITECTURA 'ART NOUVEAU'
House for an Art Lover (p. 106)

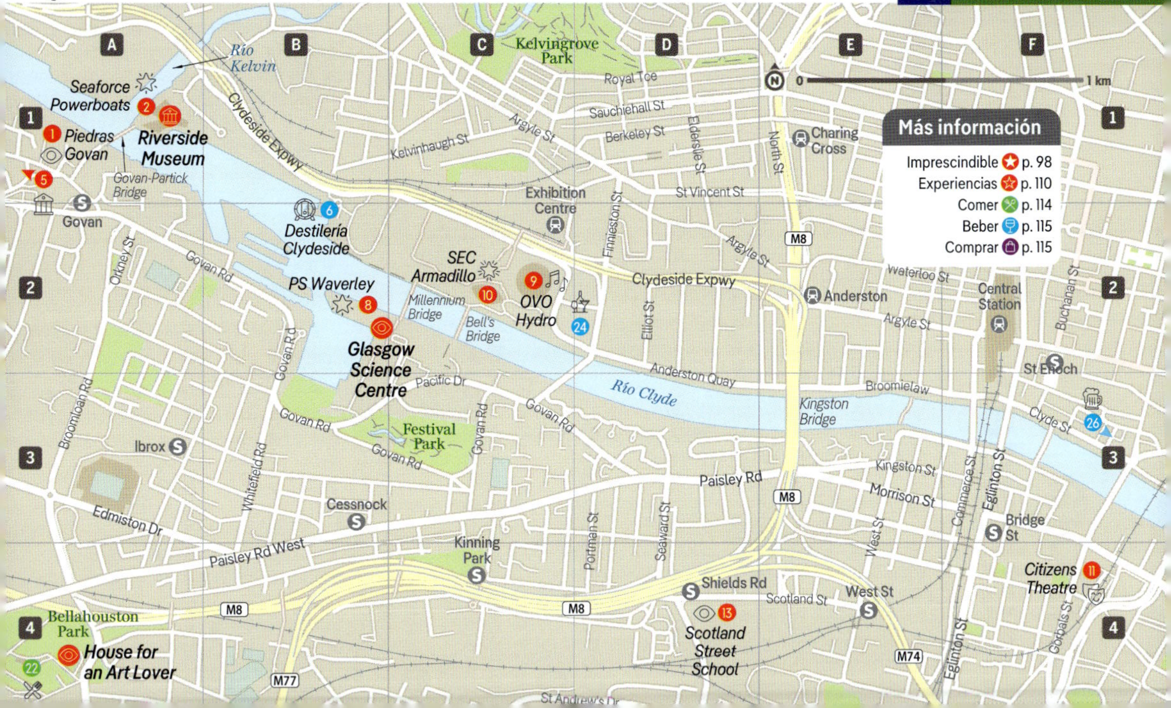
Más información
Imprescindible p. 98
Experiencias p. 110
Comer p. 114
Beber p. 115
Comprar p. 115
Seaforce Powerboats
Piedras Govan
Riverside Museum
Govan-Partick Bridge
Río Kelvin
Govan
Destilería Clydeside
PS Waverley
Glasgow Science Centre
SEC Armadillo
Millennium Bridge
Bell's Bridge
OVO Hydro
Exhibition Centre
Kelvingrove Park
Festival Park
Río Clyde
Anderston Quay
Kingston Bridge
Broomielaw
Charing Cross
Anderston
Central Station
St Enoch
Bridge St
Citizens Theatre
Scotland Street School
Shields Rd
West St
Kinning Park
Cessnock
Ibrox
Bellahouston Park
House for an Art Lover
Royal Tce
Sauchiehall St
Berkeley St
Argyle St
Kelvinhaugh St
Clydeside Expwy
Elderslie St
North St
St Vincent St
Finnieston St
Elliot St
Waterloo St
Buchanan St
Clyde St
Kingston St
Morrison St
Commerce St
Eglinton St
Gorbals St
Scotland St
Seaward St
Portman St
Paisley Rd
Paisley Rd West
Edmiston Dr
Whitefield Rd
Govan Rd
Pacific Dr
Orkney St
Broomloan Rd
St Andrew's Dr
M8
M74
M77
0
1 km

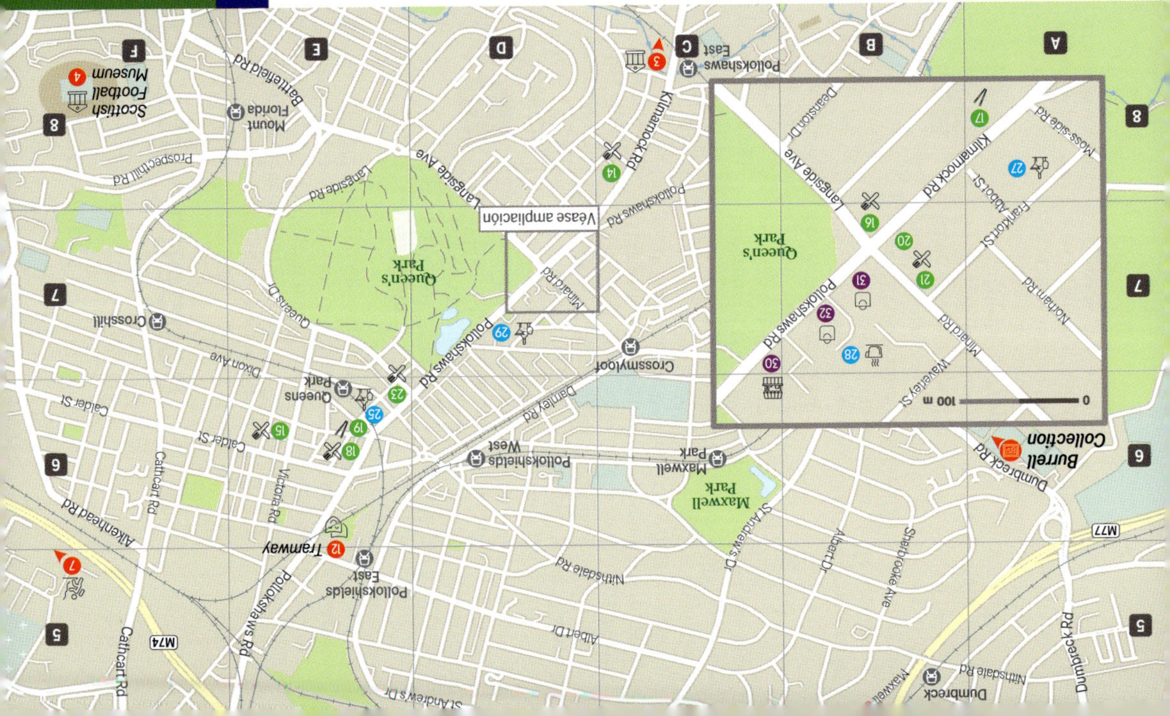
Scottish Football Museum
Mount Florida
Battlefield Rd
Prospecthill Rd
Langside Rd
Langside Ave
Queen's Park
Queens Dr
Crosshill
Dixon Ave
Calder St
Queens Park
Victoria Rd
Cathcart Rd
Aikenhead Rd
Tramway
Pollokshields East
Pollokshaws Rd
M74
Véase ampliación
Minard Rd
Kilmarnock Rd
Crossmyloof
Darnley Rd
Pollokshields West
Maxwell Park
St Andrew's Dr
Nithsdale Rd
Albert Dr
Sherbrooke Ave
Dumbreck Rd
Dumbreck
Burrell Collection
M77
Pollokshaws East
Deanston Dr
Abbot St
Frankfort St
Moss-side Rd
Newlands Rd
Waverley St
0
100 m

★ IMPRESCINDIBLE

Burrell Collection

Esta colección de arte –una donación a la ciudad del rico empresario industrial sir William Burrell– no estuvo expuesta al público hasta que se construyó el galardonado museo que hoy la alberga en Pollok Country Park en 1983. Tras un proceso de renovación y ampliación que duró seis años, en el 2022 la Burrell Collection volvió a abrir sus puertas.

PLANO: P. 96 **A6**

CONSEJO
Merece la pena pasar aquí medio día y disfrutar de un almuerzo en la cafetería, para luego darse un paseo por los senderos forestales de Pollok Country Park.

Escanea este código QR para más información práctica.

Vestíbulo

La Burrell Collection es una colección muy peculiar, con unos 9000 objetos de todo tipo: porcelana china, mobiliario medieval, tapices del s. XVI y cuadros impresionistas. No es excesivamente grande, de manera que se puede ver sin prisas. La pieza central del vestíbulo es el **'vaso Warwick'** (foto dcha.), una enorme escultura de mármol en forma de recipiente, decorada con racimos de uvas e imágenes de Baco, el dios del vino. Los fragmentos del vaso fueron descubiertos y desenterrados en el s. XVIII en el jardín de la villa del emperador Adriano cerca de Roma. Tras ser restaurado, estuvo expuesto en el castillo de Warwick, hasta que fue adquirido por la Burrell Collection.

Los bronces de Rodin

Burrell fue un gran admirador del escultor francés Auguste Rodin y en la colección hay 14 bronces suyos. **'El pensador'** (1880-1881), una de las esculturas más famosas del mundo, está junto al vestíbulo y es una de las 28 reproducciones en bronce de esta escultura que quedan en el mundo. Representa al poeta medieval italiano Dante Alighieri reflexionando sobre su poema épico *La divina comedia*. Aunque menos conocida, la escultura **'Eva'** (1880-1881) forma parte del mismo encargo y es también impresionante.

AITAN/ALAMY STOCK PHOTO ©

Los Burrell

Un magnífico **portal de piedra tallada** del s. XVI del castillo de Hornby en North Yorkshire conduce del vestíbulo a las galerías de la planta baja. A la derecha está la sala **The Burrells,** con una reproducción del hogar de los Burrell en el castillo de Hutton en Berwickshire, con mobiliario, documentos y muestras interactivas sobre las personas y lugares que hicieron posible esta colección. Burrell no solo coleccionó arte del pasado, también adquirió obras contemporáneas pioneras durante su vida, desde finales del s. XIX hasta principios del s. XX.

Arte francés

Burrell fue un conocido coleccionista de arte francés de finales del s. XIX de artistas como Jean-Baptiste-Camille Corot, Jean-François Millet, Édouard Manet, Paul Cézanne y Edgar

Degas, del que hay más de 20 obras en la colección –incluidas **'El ensayo',** una composición moderna llena de detalles interesantes, y el pastel **'Faldas de ballet rojas'** (foto inferior). También se puede ver el cuadro de Cézanne **'Castillo de Médan',** que tiene una historia fascinante: la pintura retrata la casa del escritor Émile Zola, amigo de Cézanne, y fue inicialmente propiedad del también pintor Paul Gauguin; Burrell se lo compró a un marchante de arte, que compartía piso en París con Vincent van Gogh.

Arte escocés

Burrell también fue un importante coleccionista de arte del grupo de pintores postimpresionistas de principios del s. xx conocidos como los **Coloristas Escoceses** (p. 122), influenciados por artis-

AMER GHAZZAL/ALAMY LIVE NEWS/ALAMY STOCK PHOTO ©

tas franceses como Cézanne y Henri Matisse. En la colección hay una obra, **'Rosas rosadas',** del más famoso de ellos, Samuel John Peploe (1871-1935), conocido por sus naturalezas muertas. Burrell era amigo de sir John Lavery (1856-1941), un pintor irlandés famoso por sus retratos de sociedad y en la colección hay un retrato de cuerpo entero de la hermana de sir William, **'Miss Mary Burrell',** una de las mejores pinturas de Lavery.

Galerías de tapices

Cada sala del museo atrae a visitantes con diferentes preferencias, pero las galerías de tapices son un imán para todo el mundo; sus piezas, que datan de los ss. XIII al XVI y del tamaño de una pared, relatan complejas historias sobre la vida en la Europa medieval. El protagonista es un espectacular tapiz francés de 1525 titulado **'Pelea entre un halcón y una garza',** una escena de caza aristocrática.

Arte chino

La Burrell Collection alberga una de las colecciones de arte chino más importantes del Reino Unido, con obras que datan desde el Neolítico hasta la dinastía Qing, como un precioso amuleto de jade del 2800 a.C., un **jarrón Meiping** (dinastía Ming) azul y blanco del s. XIV de un valor incalculable, decorado con un dragón de cinco garras sobre unas nubes, o una enorme **pecera de porcelana** con peces y flores pintados en rojo y azul, creada para el emperador durante la dinastía Qing.

Galerías de los artesanos

No hay que perderse las galerías de la 1ª planta y sus seis muestras que celebran la artesanía y técnica necesarias para crear, restaurar y conservar las obras de arte de la colección. Se puede aprender cómo se hacen los pasteles y se pinta con ellos, y cómo los utilizó Degas para crear su cuadro **'Jinetes bajo la lluvia'.**

UNA PAUSA

El restaurante tipo autoservicio del museo ofrece una buena selección de platos escoceses, como sándwiches, ensaladas y raciones pequeñas (la cocina cierra a las 15.15).

★ IMPRESCINDIBLE

Riverside Museum

Las impresionantes formas curvas de este edificio son obra de la ya desaparecida arquitecta británico-iraquí Zaha Hadid, y en su interior se muestra la inestimable contribución de Escocia a las industrias naval, ferroviaria y automovilística, y también inventos como la bicicleta o el barco de vapor.

PLANO: P. 96 **A1**

CONSEJO
Los fines de semana el museo se llena de familias; es preferible ir entresemana. Aunque el museo es gratis, para subir a bordo del *Glenlee* hay que pagar entrada.

Escanea este código QR para más información práctica.

El edificio

Ubicado en uno de los antiguos astilleros más importantes de Glasgow –A & J Inglis–, el museo fue diseñado por la prestigiosa arquitecta Zaha Hadid. Sus dos fachadas son impresionantes, con un revestimiento de zinc en zigzag sobre unas enormes ventanas de cristal oscuro.

Main Street

Esta reconstrucción de una calle adoquinada contiene varias tiendas con el aspecto que tendrían a finales del s. XIX y principios del s. XX: un guarnicionero, un prestamista, un fotógrafo y mucho más. Hay también una fascinante muestra sobre el **metro de Glasgow,** el tercero más antiguo del mundo (1896) tras los de Londres y Budapest. Se puede ver uno de los vagones originales, que estuvo en servicio de 1898 a 1977.

Pared de coches

En una de las paredes hay una muestra de coches, incluido el **Rolls-Royce Phantom II** de sir William Burrell. En la colección destacan los vehículos fabricados en Escocia, como el **Hillman Imp.** Hay también tranvías antiguos y trolebuses eléctricos, una enorme **locomotora de vapor** sudafricana que se construyó en Glasgow en 1945 y un modelo del **'Queen Elizabeth II',** el último gran transatlántico que se construyó en el Clyde y se botó en 1967.

UNGVARI ATTILA/SHUTTERSTOCK ©, ARCHITECT: ZAHA HADID

La bici más antigua del mundo

La planta superior es más pequeña y relajada. Lo más interesante aquí es una **bicicleta** a pedales de 1846, que es la más antigua del mundo. Hay algo de polémica sobre quién la inventó –Kirkpatrick Macmillan o Gavin Dalzell–, pero lo que sí es seguro es que ambos eran escoceses. Las otras muestras ofrecen información sobre el papel que jugó Escocia en la invención de los primeros **barcos de vapor.**

Un gran velero

Atracado junto al museo está el elegante barco de vela de tres mástiles **'Glenlee'** *(thetallship.com; adultos/niños 4,50/2,70 £)*, construido en el Clyde y botado en 1896. A bordo hay tres cubiertas con muestras sobre la historia del barco, su restauración y la vida a bordo durante su apogeo.

UNA PAUSA
Hay cafetería en el museo y en el barco. También está el **Clydeside Cafe** en la destilería Clydeside, a 10 min a pie por la ribera del río.

★ IMPRESCINDIBLE

Glasgow Science Centre

A las orillas del Clyde se encuentra el Glasgow Science Centre, un museo que ofrece diversión para todas las edades, con fascinantes muestras interactivas y exposiciones sobre todos los campos de la ciencia. Es fácil pasarse aquí medio día explorando todos sus rincones.

PLANO: P. 96 **B2**

CONSEJO
Aquí también hay un cine IMAX; merece la pena ver los horarios para el IMAX, el planetario y otros eventos especiales antes de venir.

Escanea este código QR para más información práctica.

Cuestión de percepción

En la 1ª planta hay muestras interactivas que ponen a prueba todos los sentidos y juegan con el engaño y los espejismos. Hay algo interesante para todas las edades. No hay que perderse la **Ames Room,** donde los niños aparecen más altos que sus padres.

La energía del futuro

La 2ª planta explora la electricidad y el 'trilema de la energía', que hace referencia al trío de la asequibilidad, la seguridad del suministro y la sostenibilidad medioambiental, y al hecho de que abordar uno de estos aspectos puede afectar a los otros dos. Hay ordenadores donde se puede jugar la **simulación MyDECC50,** en la que el jugador es ministro de Energía durante un día y puede observar los efectos de sus decisiones.

El cuerpo humano

La muestra de la planta superior habla sobre el cuerpo humano y la medicina moderna. Hay datos muy interesantes y también diversión, con varias muestras interactivas, como la que permite al visitante comparar su fuerza de prensión con la de otros visitantes.

Torre de Glasgow

Para subir a esta torre giratoria de alta tecnología hay que comprar entrada aparte. Con una altura de 127 m y una **plataforma de observación** a 105 m,

BINSON CALFORT/SHUTTERSTOCK ©

es la estructura giratoria autónoma más alta del mundo, capaz de girar 360 grados. Una única bola de bronce fosfórico con un diámetro del tamaño de una rueda de bicicleta soporta el peso de la torre de 500 t. El ascenso hasta la plataforma dura 2½ min y las vistas son impresionantes. En la cabina de observación hay tabletas con efecto lupa, y también hay guías que explican la tecnología e indican lugares de interés en la ciudad.

Planetario

A través de la 1ª planta se puede acceder al planetario, en cuya cúpula se proyectan vídeo inmersivos: desde el cielo estrellado hasta el álbum *Dark Side of the Moon* de Pink Floyd. No hace falta entrada para dar un paseo por el sistema solar en la exposición **'Space Zone'** del vestíbulo.

UNA PAUSA
Hay cafeterías en el museo y en el cine IMAX. No hay ningún otro sitio cerca donde tomar algo.

★ IMPRESCINDIBLE

House for an Art Lover

En 1901 Charles Rennie Mackintosh presentó un porfolio de dibujos a un concurso internacional de arquitectura organizado por una revista alemana de diseño interior. Los dibujos –para una casa de lujo de estilo moderno– se quedaron en ideas hasta que en 1996 el Ayuntamiento de Glasgow construyó el edificio siguiendo el diseño de Mackintosh.

PLANO: P. 96 **A4**

CONSEJO
Para llegar, tomar el autobús 9 desde la terminal de autobuses de Buchanan St hasta la parada Palace of Art. La casa se alquila a veces para eventos privados y cierra sus puertas al público; consultar la web antes de ir.

Escanea este código QR para más información práctica.

Sala principal

Subiendo las escaleras desde el vestíbulo se llega a la sala principal, una habitación de doble altura con enormes ventanas y un balcón con columnas. El efecto es el de un lugar espacioso de luz suave, con detalles característicos de Mackintosh como el motivo de una rosa en los paneles de estaño de las columnas, los vitrales alrededor de la chimenea y las puertas de la sala de música.

Comedor

Diseñado para ofrecer un fondo neutro para las prendas de moda de los invitados, el comedor es sombrío con paredes y muebles de madera de roble. Hay toques de color con dibujos de rosas, el símbolo preferido del arquitecto.

Sala de música

Este es el corazón de la casa con un extravagante diseño en blanco (los edificios de Mackintosh solían tener colores oscuros en el lado norte y claros en el sur) lleno de luz (foto dcha.) que recuerda a un claro en el bosque, con imágenes y motivos de sauces y del árbol de la vida.

Sala oval

Esta habitación discreta era donde las mujeres se retiraban tras la cena. Es la única sala que no dibu-

MARTIN THOMAS PHOTOGRAPHY/ALAMY STOCK PHOTO ©

jó en perspectiva, solo en plano, y los constructores tuvieron que indagar mucho para darle forma.

Sala Margaret Macdonald

Mackintosh trabajó muy de cerca con su mujer, Margaret, en el diseño de la casa y la influencia de esta es evidente, sobre todo en el diseño de la rosa que conecta todas las habitaciones. Las muestras detallan las técnicas utilizadas para crear los diferentes elementos artísticos de la casa.

Centro de interpretación

En el balcón sobre la sala principal se puede ver los dibujos originales de Mackintosh; también hay ordenadores que permiten explorar los diseños al detalle. El diseño de todo el edificio se llevó a cabo con tan solo 14 dibujos.

UNA PAUSA
La cafetería **Art Lover's Cafe** (con terraza) está en la planta baja; es ideal para desayunar o almorzar.

CIRCUITO A PIE

Un paseo por el Clyde

Con la reurbanización de la zona se han creado senderos a lo largo del río Clyde que pasan por lugares que recuerdan el pasado de Glasgow como centro de la industria naval. Este paseo va del puente peatonal más antiguo sobre el Clyde (1853) hasta el más nuevo (2024).

INICIO	FINAL	DURACIÓN
Portland Street Bridge	Govan-Partick Bridge	4,8 km; 1½ h

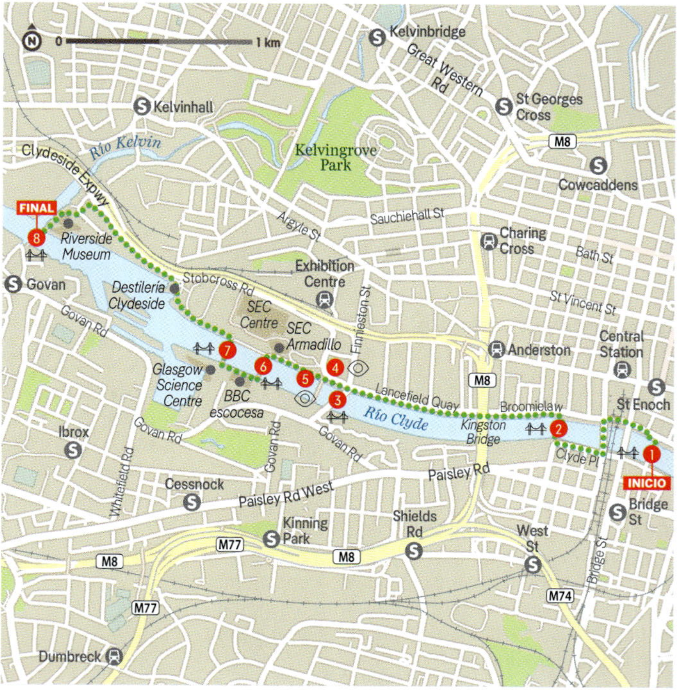

1 El puente más antiguo

El paseo comienza en el lado norte del Portland Street Bridge, un elegante puente colgante de hierro forjado con torres de arenisca de 1853. Siguiendo en la dirección de la corriente del río por el Clyde Walkway se pasa por debajo de dos puentes viales y del ruidoso puente de las vías ferroviarias que salen de Central Station. Subiendo la rampa y cruzando el King George V Bridge se llega al distrito financiero.

2 Squiggly Bridge

Se continúa a lo largo de la orilla sur del Clyde, con edificios de oficinas, para volver a cruzar el río por el Tradeston Bridge –abrió en el 2009 y ha sido apodado "Squiggly" (sinuoso).

3 Squinty Bridge

De vuelta en el Clyde Walkway, se pasa bajo el Kingston Bridge, por el que pasa la carretera M8, para llegar al Clyde Arc (2006), un bonito puente en arco apodado "Squinty" (bizco) por su cruce en ángulo.

4 Un túnel oculto

A la derecha hay un edificio de ladrillo circular llamado Rotunda. Hay otro igual al otro lado del río; ambos albergan sendos agujeros de 24 m de profundidad que conducen al túnel del puerto de Glasgow, construido en 1896 para dar servicio a carruajes y peatones (hoy está cerrado).

5 La grúa Finnieston

Desde aquí se puede ver la enorme grúa Finnieston, de 53 m de altura y símbolo del pasado de Glasgow como puerto industrial. De 1932 a 1969 se utilizó para cargar locomotoras y otra maquinaria pesada a bordo de buques de carga.

6 Bell's Bridge

Este es el Scottish Events Campus (SEC) con el peculiar edificio SEC Armadillo (1997) –en forma de dos cascos de barco entrelazados– de Norman Foster. Cruzando el Bell's Bridge, un puente atirantado peatonal de 1988, se llega al Glasgow Garden Festival.

7 Millennium Bridge

En dirección al Glasgow Science Centre se pasa por la sede central de la BBC escocesa para luego cruzar de nuevo el río por el Millennium Bridge (2002). Siguiendo en dirección a la corriente del Clyde se llega a la destilería Clydeside (su cafetería es un buen lugar para hacer una pausa).

8 El puente más nuevo

El paseo termina en el Riverside Museum, donde se encuentra el Govan-Partick Bridge (2024), el puente más nuevo sobre el Clyde, que da acceso a las piedras Govan (p. 110) y Fairfield Heritage (p. 111).

EXPERIENCIAS

Tocar la historia con las piedras Govan

ANTIGUAS PIEDRAS TALLADAS

PLANO: 1 P. 96 A1

La Govan Old Church, una iglesia victoriana en la orilla sur del Clyde, se encuentra sobre uno de los lugares de culto cristiano más antiguos de Escocia y alberga las piedras Govan *(thegovanstones.org.uk; gratis)*, una impresionante colección de piedras talladas antiguas. Desde hace 1500 años ha habido una iglesia aquí y desde el s. IX hasta el s. XI, este fue el lugar de sepultura de los reyes de Strathclyde. La iglesia está dedicada a san Constantino, un mártir cristiano asesinado por los vikingos en el 876; puede verse su sarcófago de piedra tallada, además de una colección de **lápidas vikingas** que se descubrieron en el cementerio de la iglesia. El Govan-Partick Bridge da acceso a la iglesia (cerrada nov-mar) desde el Riverside Museum.

La ciudad desde el agua

VIAJE EN BARCO

PLANO: 2 P. 96 A1

Los que se queden con ganas de temática náutica tras visitar el barco junto al Riverside Museum, pueden apuntarse a un viaje con **Seaforce Powerboats** *(seaforcepowerboats.co.uk; adultos/niños desde 20/16 £)*. Los botes inflables salen del muelle en el exterior del museo y hacen circuitos que van de los 20 min (por los lugares de interés cercanos (Science Centre, grúa Finnieston, Clyde Arc y el antiguo astillero) y los 45 min hasta el espectacular Erskine Bridge. Los botes salen todo el año si las condiciones meteorológicas y del río lo permiten; mejor llamar con antelación.

"Greek" Thomson en Holmwood House

CASA HISTÓRICA

PLANO: 3 P. 96 C8

La arquitectura de Glasgow está para siempre asociada a Charles Rennie Mackintosh, pero Alexander Thomson (1817-1875) puede que sea el arquitecto más importante de Glasgow y menos conocido. Fue más prolífico que Mackintosh (muchos de sus edificios en Glasgow todavía están en pie; véase el circuito a pie por el centro de Glasgow, p. 42) y sus diseños, en un principio considerados algo inusuales, han sido reconocidos a nivel internacional. La **Holmwood House** *(nts.org.uk; adultos/niños 8,50/6 £)*, considerada uno de los mejores diseños domésticos de Thomson, fue construida en 1858 para James Couper, dueño de una fábrica de papel. La casa está llena de los elementos típicos de Thomson inspirados en la arquitectura de la antigua Grecia, como frisos geométricos, columnas jónicas, cúpulas recargadas y frescos con escenas de la *Ilíada* de Homero. La entrada está en Netherlee Rd, a 15 min a pie de la estación de tren Cathcart (hay cuatro trenes por hora desde Central Station y el trayecto dura 15 min).

El clamor del Hampden

ESTADIO DE FÚTBOL

PLANO: 4 P. 96 **F8**

El estadio de fútbol **Hampden Park** es un lugar sagrado para los aficionados al fútbol escoceses. Cuando se construyó en 1903, fue el estadio más grande del mundo y hoy tiene el récord europeo de asistencia: en 1937, 149 415 personas presenciaron el partido entre Escocia e Inglaterra y se podía escuchar el ruido de los aficionados por toda la ciudad, hecho que se conoce como "el clamor del Hampden".

Uno de los platos fuertes de la **visita guiada** *(scottishfootballmuseum.org.uk; adultos/niños 16/9 £)* es salir al campo con el sonido (grabado) del clamor de la gente de fondo. La visita dura 1 h e incluye los vestuarios –con las camisetas de jugadores famosos– y el Scottish Football Museum, donde está el trofeo de fútbol más antiguo del mundo.

Para llegar al Hampden Park, tomar un tren desde Central Station hasta la estación Mount Florida.

El pasado astillero del Clyde

MUSEO DE LA INDUSTRIA NAVAL

PLANO: 5 P. 96 **A1**

A principios del s. XX el Clyde era el río con la mayor industria de construcción naval del mundo, con más de 100 000 trabajadores en más de 40 astilleros. A partir de la década de 1950 empezó a decaer la industria y hoy solo quedan dos astilleros. El Fairfield Heritage *(fairfieldgovan.co.uk; gratis)*, en las oficinas victorianas restauradas de la Fairfield Shipbuilding and Engineering Company, ofrece una crónica de esta fascinante historia; Fairfield armó algunos de los buques transatlánticos más rápidos del s. XIX y hoy construye buques de guerra para el Gobierno británico. El museo está a poca distancia hacia el oeste de la Govan Old Church.

Un trago en la destilería Clydeside

DESTILERÍA DE WHISKY DE MALTA

PLANO: 6 P. 96 **B2**

Es una maravilla ver cómo se ha aprovechado una vieja estación de bombeo junto al Clyde para con-

QUEEN'S PARK FC

El Queen's Park FC fue fundado en 1867 y es el club de fútbol más antiguo de Escocia (el 10° en todo el mundo). El Hampden Park es desde 1873 su campo y sorprende que hasta el 2019 el equipo fuera *amateur*. Entre 1874 y 1893 ganó 10 veces la Copa de Escocia, el trofeo de fútbol más antiguo del mundo (1873) –aunque la Copa de Inglaterra comenzó tres años antes, su trofeo es de 1911–. La Copa de Escocia original está expuesta en el museo del Hampden Park (los equipos ganadores reciben una réplica).

vertirla en la **destilería Clydeside** *(theclydeside.com; visita guiada 18,50 £)*, que regentan auténticos destiladores de *whisky*. El lugar impresiona, y la estampa de los tanques de destilación junto al río (no hay que preocuparse, el agua proviene del Loch Katrine, no del Clyde) es espectacular. La visita guiada (1 h) ofrece información sobre la historia de Clydeside e incluye una cata de tres *whiskies* de malta. Hay también una cafetería y una tienda con una buena selección de *whisky*.

Escalada en Cuningar Loop

PARQUE DE AVENTURAS

PLANO: 7 P. 96 **F5**

En un recodo del río Clyde, en el extremo suroriental de la ciudad, está el popular parque forestal **Cuningar Loop** *(forestryandland.gov.scot; gratis)*, donde practicar diversas actividades al aire libre. Hay un parque de aventuras con columpios de cuerda, una caja de arena, pasamanos y torres de escalada hechas de troncos de madera que no aburrirán a los niños más aventureros, además de rutas ciclistas y un *pumptrack*. El plato fuerte es el primer (y por ahora único) **parque de escalada al aire libre** de Escocia: nueve rocas de escalada artificiales de hasta 4 m de altura, con retos para todos los niveles; mejor comprobar el descenso antes, ya que algunos son bastante difíciles.

Un crucero río abajo como antaño

VIAJE EN BARCO

PLANO: 8 P. 96 **B2**

Una de las actividades típicas de las vacaciones de la clase obrera de Glasgow desde finales del s. XIX hasta mediados del XX era hacer un viaje en barco *"doon the watter"* (es decir, "río abajo"). Veraneantes y domingueros subían a bordo de barcos de vapor de todos los tamaños en Bel roomielaw Quay en el centro de Glasgow hasta los diferentes puertos y destinos vacacionales en el fiordo de Clyde, ya en la costa.

El único barco de vapor que queda en el mundo es el PS *Waverley (waverleyexcursions.co.uk; 40-57 £)* de 1947 y mantiene la tradición con cruceros de verano

CLYDE WALKWAY

La ruta ciclista y a pie a la orilla del río conocida como Clyde Walkway *(scotlandsgreattrails.com)* va desde Glasgow hasta las cascadas del Clyde, cerca de New Lanark, a 65 km millas de distancia. La oficina de turismo de Glasgow tiene un folleto con información sobre las distintas secciones de la ruta. Se puede conseguir una bici NextBike en cualquier estación de alquiler público y hacer un circuito fácil de 10 km desde el Riverside Museum hasta Cuningar Loop (40 min ida), y allí probar la escalada.

diarios desde Glasgow a las islas de Bute, Great Cumbrae y Arran, y a las localidades de Largs, Tighnabruaich, Tarbert y Ardrishaig. Sale del Glasgow Science Centre Quay (horarios en la web).

De concierto en el Armadillo OCIO

El Scottish Events Campus (SEC) es un complejo de ocio a la orilla del Clyde y al oeste del centro de la ciudad. Su escenario principal (y el de mayor público de Escocia) es el **OVO Hydro** (PLANO: 9 P. 96 **C2**; *sec.co.uk*), un edificio espectacular con capacidad para 14 500 personas, que ha acogido conciertos de artistas como Kylie Minogue, Elton John, Billie Eilish o Charli XCX (calendario de conciertos en la web).

El edificio más característico es el **SEC Armadillo** (PLANO: 10 P. 96 **C2**), un auditorio con capacidad para 3000 personas donde se celebran conferencias y actuaciones más pequeñas, de comedia y bandas tributo. En un principio se llamó Clyde Auditorium, pero la gente en Glasgow empezó a llamarlo Armadillo, y se quedó con ese nombre; su diseño hace referencia a dos cascos de barco entrelazados en honor al pasado astillero de la zona.

Una historia dramática TEATRO HISTÓRICO

Desde que se fundó en 1943, el **Citizens Theatre** (PLANO: 11 P. 96 **F4**; *citz.co.uk*) ha estado al frente de las artes escénicas de Glasgow. Basado en un teatro victoriano construido en 1878 en el barrio de Gorbals, su misión ha sido siempre llevar teatro de calidad a buen precio a los ciudadanos de Glasgow. Por sus tablas han pasado Moira Shearer, Pierce Brosnan, Rupert Everett, Celia Imrie, Alan Rickman, Glenda Jackson, Gary Oldman o Sam Heughan.

Desde el 2019 la compañía actúa en el centro **Tramway** (PLANO: 12 P. 96 **E5**; *trammway.org*) mientras se restaura su teatro, famoso por tener la maquinaria escénica más antigua del país. En el momento de redactar esta guía estaba prevista su próxima reapertura (consultar la web).

Vuelta al cole en Scotland Street ARQUITECTURA MACKINTOSH

PLANO: 13 P. 96 **D4**

La famosa escuela de Charles Rennie Mackintosh, **Scotland Street School** *(glasgowlife.org.uk)*, tiene hoy un aspecto sombrío, en medio de una zona industrial al sur del Clyde. Fue construida en 1906 y estuvo en funcionamiento hasta 1979. Después albergó un museo de la educación que cerró durante la pandemia del covid-19. Hoy se baraja la posibilidad de restaurar el edificio y convertirlo en museo y guardería; merece la pena acercarse para ver la magnífica fachada de Mackintosh (si es que no está cubierta de andamios).

SUGERENCIAS

Lo mejor para...

£ Económico ££ Medio £££ Alto

Localizaciones en el plano de la **p. 96**

Comer

Cocina italiana

Oro ££
14 C8
Un clásico de la zona durante más de 20 años, con platos típicos italianos; el chef Domenico Crolla es famoso por dibujar retratos en sus *pizzas. oro.restaurant; 12.00-23.00*

Errol's Hot Pizza £
15 E6
La mejor *pizza* de Glasgow en un restaurante con pocas mesas (hay que reservar con antelación) en el barrio de Govanhill. *instagram .com/errolshotpizzashop; 17.00-21.30 ju-do*

Comida de 'pub'

Corona Bar & Kitchen £
16 B7
Edificio construido en 1913 y de decoración algo recargada; sirve buena comida de *pub. corona -bar.com; 11.00-21.30*

Cocina asiática

Chawp Pet Noi ££
17 A8
Pequeño, acogedor y muy popular (hay que reservar o pedir comida para llevar; no se puede reservar los viernes y sábados), ofrece comida auténtica tailandesa. *chawppetnoi.co.uk; 16.00-21.15*

Ranjit's Kitchen £
18 E6
Deliciosa comida casera del Punyab en este pequeño restaurante de aire familiar. *ranjitskitchen.com; 12.00-20.30 ma-do*

Little Hoi An £
19 E6
Restaurante pequeño con terraza; comida callejera vietnamita como panceta picante, rollitos de gambas o tofu con salsa de cacahuete, curris de coco o la típica y aromática sopa *pho.* Se puede traer bebida propia. *facebook.com/littlehoianglasgow; 17.00-21.30 mi y ju, 17.00-22.00 vi y sa*

Pescado y marisco

Salt & Vinegar £
20 B7
Mejor que los típicos *fish & chips;* además de bacalao con patatas fritas, sirve raviolis de langosta, calamares fritos, lubina, vieiras y platos de pasta y *risotto* (también para llevar). *saltandvinegarglasgow.com; 11.30-22.00*

Cafeterías

Brooklyn Cafe £
21 B7
En funcionamiento desde 1931, es un clásico escocés-italiano de la familia Pelosi; desayuno inglés, sándwich de queso toscano fundido y club sándwiches. *facebook.com/Brooklyn1931; 9.00-16.00*

Art Lover's Cafe £
22 A4
Cafetería en la **House for an Art Lover** (p. 106), con platos de calidad para el desayuno y el almuerzo, y sándwiches y tartas todo el día. *houseforanartlover.co.uk; 10.00-16.00*

Gusto & Relish €

23 E6

Para desayunar en familia, con libros, juguetes y juegos para entretener a los niños; torrijas, gofres, desayuno inglés vegetariano y huevos asados, con café de tueste local, tartas y sándwiches. *facebook.com/gustoandrelish; 9.00-17.00 lu-vi, 9.30-17.00 sa y do*

Beber

Bares

Red Sky Bar

24 D2

Bar de azotea con vistas espectaculares, un interior elegante y ambiente relajado; popular entre los trabajadores del centro para tomarse una cerveza o un vino al salir de la oficina. *redskybar.com; 12.00-1.00*

Rum Shack

25 E6

Animado y de temática caribeña, con más de 100 variedades de ron y una carta de platos de influencia jamaicana y creole; cerca de la estación Queens Park. *rumshackglasgow.com; 16.00-21.30 lu-ju, 12.00-21.30 vi-do*

'Pubs'

Clutha & Victoria Bar

26 F3

Junto al río ('Clutha' es el nombre gaélico del Clyde) y con 200 años de antigüedad; música en directo y coloridos murales. *facebook.com/Cluthabar; 12.00-24.00 mi-do, 17.00-24.00 lu y ma*

Cafeterías

Cafe Strange Brew

27 A8

La mejor cafetería en Southside, con café de tueste local y dulces deliciosos. *facebook.com/cafestrangebrew; 9.00-16.00*

Glad Cafe

28 B7

Centro de arte, tienda de segunda mano y cafetería de carácter social, con excelente café, cervezas artesanas y buena comida en un ambiente bohemio. *thegladcafe.co.uk; 11.00-tarde lu-vi, 10.00-tarde sa y do*

Bramble

29 D7

Clásica cafetería de barrio en Pollokshaws Rd, que entre otras delicias sirve *cappuccino* con copos de chocolate y gofres con helado. *facebook.com/bramblecafesouthside; 9.00-16.00*

Comprar

Park Lane Market

30 C7

El primer y último domingo del mes se celebra este animado mercadillo frente al Queen's Park, donde puede encontrarse ropa, música, curiosidades y artículos de segunda mano. *parklanemarket.co.uk; 11.00-16.00 do*

Stephen O'Neil Art

31 B7

Galería de diseño frente al Langside Hall en Pollokshaws Rd; libros, reproducciones y tarjetas. *stephenoneil.co.uk; 10.00-17.00 lu-sa, 11.00-16.00 do*

Glad Rags Thrift

32 B7

Parte del Glad Cafe, se trata de una tienda cooperativa sin ánimo de lucro con ropa de segunda mano de donaciones locales. *facebook.com/gladragsglasgow; 12.00-17.00 mi y vi-do, 12.00-19.00 ju*

Sugerencias de lugares para comer, beber y comprar en **p. 137**

Explora West End

Igual que sucede en Londres, el West End de Glasgow transmite una sensación de prosperidad y sofisticación –el nombre es un legado de los tiempos de la Revolución industrial, cuando el viento predominante soplaba desde el oeste llevándose el humo y mal olor de la actividad industrial en el centro de la ciudad hacia el este–. En la actualidad, la zona disfruta de un rico ambiente estudiantil, con bares y cafeterías de moda y un estilo bohemio. El West End es hoy el barrio más de moda de toda la ciudad y, para muchos, el más bonito y entretenido, con elegantes casas adosadas en sus calles, amplios parques y la grandeza victoriana de la Universidad de Glasgow y del Kelvingrove Museum.

Cómo desplazarse

A pie

Se puede recorrer toda Byres Rd en 15-20 min.

Autobús

Desde el centro de la ciudad, los autobuses 6 y 6A recorren Great Western Rd, el autobús 4 pasa por Woodlands Rd, el 3 y el 77 por Sauchiehall St, y el por Argyle St.

Metro

Para ir a Great Western Rd, hay que bajarse en la estación Kelvinbridge; en Hillhead para ir a Byres Rd; y en Kelvinhall para el Kelvingrove Museum.

Kelvingrove Museum (p. 120).
JEFF WHYTE/SHUTTERSTOCK ©

★

LO MEJOR

GALERÍA DE ARTE
Kelvingrove Museum (p. 120)

ESPACIO VERDE
Kelvingrove Park (p. 134)

TEATRO
A Play, a Pie and a Pint en el Oràn Mór (p. 138)

DE COMPRAS
Byres Rd (p. 134)

MUSEO
Hunterian Museum (p. 124)

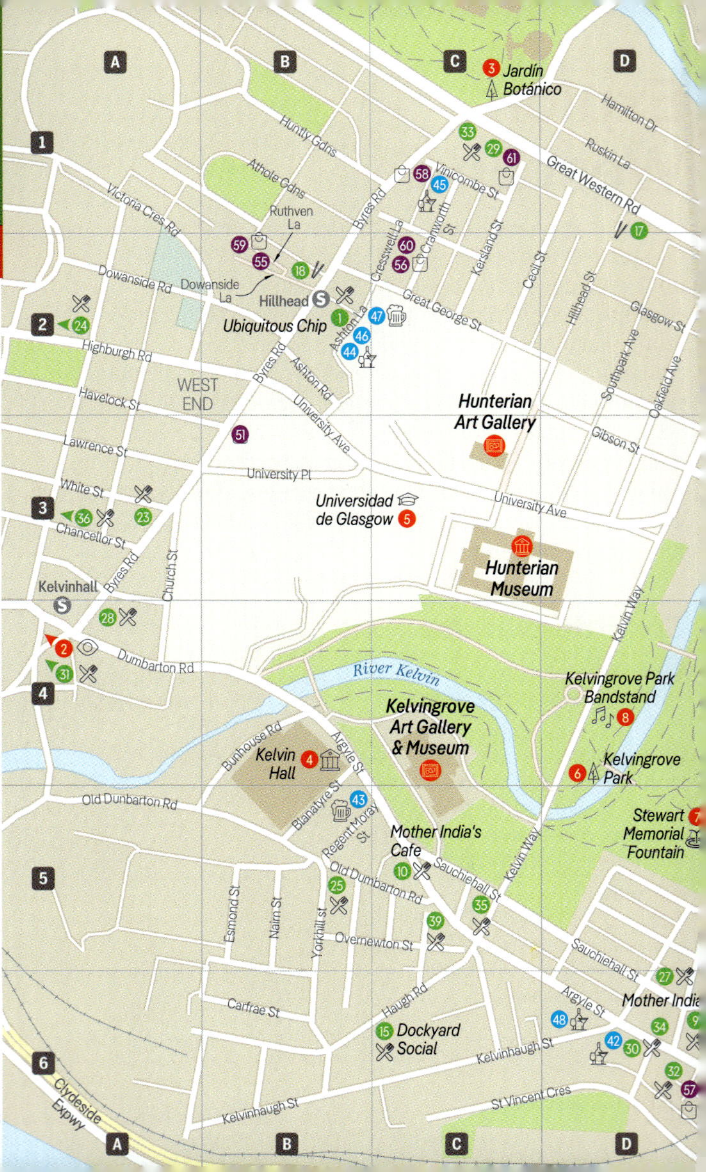
A
B
C
D
1
2
3
4
5
6
Jardín Botánico
Hamilton Dr
Ruskin La
Great Western Rd
Huntly Gdns
Athole Gdns
Ruthven La
Victoria Cres Rd
Vinicombe St
Cranworth St
Kersland St
Cecil St
Byres Rd
Cresswell La
Dowanside Rd
Dowanside La
Hillhead
Ubiquitous Chip
Ashton La
Great George St
Hillhead St
Glasgow St
Highburgh Rd
Havelock St
WEST END
Ashton Rd
University Ave
Southpark Ave
Oakfield Ave
Hunterian Art Gallery
Gibson St
Lawrence St
University Pl
White St
Universidad de Glasgow
Chancellor St
Church St
Hunterian Museum
Kelvinhall
Kelvin Way
Dumbarton Rd
River Kelvin
Kelvingrove Park Bandstand
Kelvingrove Art Gallery & Museum
Bunhouse Rd
Kelvin Hall
Argyle St
Kelvingrove Park
Old Dunbarton Rd
Blanatyre St
Regent Moray St
Stewart Memorial Fountain
Mother India's Cafe
Sauchiehall St
Old Dumbarton Rd
Esmond St
Nairn St
Yorkhill St
Overnewton St
Carfrae St
Haugh Rd
Dockyard Social
Mother India
Kelvinhaugh St
St Vincent Cres
Clydeside Expwy

EXPLORA

WEST END

★ IMPRESCINDIBLE

Kelvingrove Art Gallery & Museum

Este palacio de la cultura de piedra de arenisca roja, construido en 1901 para la Exposición Internacional de Glasgow, es uno de los lugares de entrada libre más visitados de Escocia. El museo cubre una gama temática muy amplia –desde la arqueología hasta la historia natural– y la colección de arte es excelente.

PLANO: P. 118 **C4**

CONSEJO
Hay recitales de órgano diarios a las 13.00 *(lu-sa)* y a las 15.00 *(do).*

Escanea este código QR para más información práctica.

Salón Central

Después de admirar el exterior del **Kelvingrove Museum,** lo primero que se ve al entrar es el enorme **Salón Central,** con candelabros de techo, mármol policromado y piedra de arenisca tallada bajo columnatas en arco y techos abovedados. En un extremo hay un enorme **órgano** (foto dcha.) con 2889 tubos. Hay planos del museo en el mostrador de información en el extremo de la sala. El museo está dividido en dos alas: la temática de la primera tiene que ver con la **Vida** (la historia, la arqueología y la naturaleza) y la de la segunda con la **Expresión** (el arte).

Una obra maestra de Dalí

Para muchos, el plato fuerte del museo es el cuadro de Salvador Dalí, **'Cristo de san Juan de la Cruz',** que se encuentra en una pequeña sala de la 1ª planta. El cuadro está inspirado en un sueño que tuvo el artista y tiene un poder visual impresionante: Jesucristo crucificado mirando hacia abajo visto desde arriba suspendido en un cielo oscuro infinito y con una barca de pesca en la parte de abajo (un paisaje inspirado en la costa catalana). Para pintar la musculatura de la figura, Dalí utilizó como modelo a un doble de películas de Hollywood, que posó colgando de una grúa.

NINA ALIZADA/SHUTTERSTOCK ©

La identidad escocesa en el arte

El atrio del ala este (Expresión) está lleno de **Cabezas flotantes,** una impresionante instalación de Sophie Cave. La exposición **"La identidad escocesa en el arte"** ofrece una mirada sobre las diferentes formas en que se ha representado Escocia en el arte, con retratos de Robert Burns, Bonnie Prince Charlie y María I de Escocia, y paisajes sobrecogedores de las Tierras Altas escocesas. Delante del cuadro **'Glen Massan'** de Gustave Doré se puede casi sentir la llovizna y oler el brezo. **'Cotter's Saturday Night'** de David Wilkie está basado en un poema del mismo nombre de Robert Burns, que se puede escuchar mientras se admira el cuadro.

Arte europeo

La galería siguiente alberga grandes obras del arte francés y europeo, con pinturas de Renoir,

UNA PAUSA
Hay una cafetería en el museo, pero se puede cruzar Argyle St para disfrutar de unas tapas de cocina india en el **Mother India's Cafe.**

Gauguin y Picasso. Aquí se puede ver el paisaje impresionista de **'Vétheuil'** de Claude Monet, que el artista pintó deprisa en unas pocas horas y que contrasta con el paisaje que está al lado, de **Paul Cézanne.** En la misma sala se puede ver una de las pinturas más famosas de Raoul Dufy, **'The Jetties at Trouville-Deauville',** además de obras de otros maestros como **Vincent van Gogh,** con un retrato temprano de su compañero de piso, el marchante de arte de Glasgow pelirrojo, Alexander Reid.

Coloristas Escoceses

La siguiente galería está dedicada a los Coloristas Escoceses –cuatro artistas de principios del s. xx que trajeron un toque de color y luz del arte francés a la escena artística de Escocia–. El protagonista de la sala es **'The Orange Blind'** de

Francis Cadell, un cuadro de un salón elegante de Edimburgo en tonos intensos de azul, verde y naranja; la estilosa mujer en primer plano reposa la mano sobre la *chaise longue* en la que está sentada como si invitara al espectador a sentarse con ella.

Glasgow Boys

En las galerías de la planta baja del ala oeste hay una sala dedicada a los Glasgow Boys, un grupo de artistas que, inspirados por James McNeill Whistler, rompieron con el romanticismo para asumir un estilo más moderno. No hay más que comparar el sobrio **'Stirling Station'** de William Kennedy o el realismo de **'A Funeral Service in the Highlands'** de James Guthrie con los sentimentales paisajes escoceses de la planta superior para ver la diferencia. Otra maravilla de esta sala es el retrato de **Anna Pavlova** de sir John Lavery.

El estilo Glasgow

Pero hay mucho más que descubrir, como la sala dedicada a los interiores y diseños *art déco* y del estilo Glasgow. **Charles Rennie Mackintosh** dijo de su mujer: "Margaret es un genio, yo solo tengo talento", y aquí hay buena prueba de ello, con una selección de su trabajo –destacan sus exquisitos paneles de yeso– y el de su hermana, Frances Macdonald.

El ala oeste: Vida

Al otro lado del museo, donde cuelga un avión **Spitfire de la II Guerra Mundial** (foto izda.), hay dos plantas con piedras talladas de las épocas prehistórica y vikinga, objetos funerarios egipcios y otras piezas arqueológicas. Hay armaduras en una exposición sobre las consecuencias humanas de la guerra. Y los animales disecados en la planta inferior sirven como recordatorio del pasado victoriano del museo; **el elefante 'Sir Roger'** fue en su día un personaje famoso de Glasgow.

EL LEGADO DEL IMPERIO

Los paneles informativos del museo explican el origen de muchos de los objetos expuestos en términos de la relación de Glasgow con el Imperio británico y el comercio de esclavos.

EXTERIOR

El edificio fue diseñado en estilo barroco español; se dice que la fachada norte frente a Kelvingrove Park está inspirada en la catedral de Santiago de Compostela.

★ IMPRESCINDIBLE

Hunterian Museum

Fundado en 1807, el Hunterian es el museo público más antiguo de Escocia y forma parte de una de las universidades escocesas más antiguas (fundada en 1451). Contiene las colecciones de un famoso antiguo alumno, William Hunter (1718-1783), catedrático de anatomía y un destacado ginecólogo en su día.

PLANO: P. 118 **C3**

CONSEJO
De mediados de junio a noviembre el museo ofrece visitas guiadas (25 min) gratis con estudiantes voluntarios *(12.00 ma-sa y 14.00 ju y vi).*

Escanea este código QR para más información práctica.

La Escocia romana

El Hunterian Museum ocupa la 2ª planta del edificio neogótico principal de la Universidad de Glasgow. La primera sala está dedicada al Muro de Antonino, la última frontera de la Escocia romana, con una colección de objetos romanos descubiertos en el centro de Escocia. El muro fue construido alrededor del 142 a.C. desde la orilla norte del Clyde hasta el Firth of Forth, marcando así la frontera norte del imperio.

Sala principal

Las muestras de la sala principal son muy variadas; van desde la geología y la paleontología hasta la arqueología y la antropología, siempre con la mirada puesta en objetos que tengan una conexión con Glasgow (o Escocia). El tiburón *Bearsden* es el fósil más completo de un tiburón de hace 330 millones de años, hallado en el suburbio de Bearsden; está tan bien conservado que se pueden estudiar los vasos sanguíneos, los músculos e incluso lo último que comió el tiburón.

Historia de la medicina

La galería de la entreplanta sur muestra la contribución de Glasgow a la ciencia médica, incluido el trabajo de Joseph Lister, catedrático de cirugía en Glasgow (1860-1869) y pionero en la investigación de la antisepsia. En la muestra se puede ver su

SERGII FIGURNYI/SHUTTERSTOCK ©

aerosol carbólico, además de los especímenes anatómicos y patológicos originales del s. XVIII de William Hunter, algunas de las primeras imágenes de rayos X realizadas por John MacIntyre (1857-1928), que abrió el primer departamento de radiología del mundo en el Glasgow Royal Infirmary, y uno de los primeros equipos de ultrasonidos para ecografías del mundo.

Física y ciencia aplicada

La galería norte está dedicada a William Thomson (lord Kelvin), catedrático de filosofía natural en Glasgow durante 53 años (1846-1899). Entre sus logros, cabe mencionar que preparó el camino para el cable de telégrafo transatlántico y la refrigeradora moderna. En la muestra están los modelos originales que utilizaba para dar clase y los instrumentos que usaba en sus investigaciones.

UNA PAUSA
A la vuelta de la esquina tras salir del museo está Gibson St; en **Left Bank** se puede tomar un tentempié y en **Stravaigin** almorzar.

★ IMPRESCINDIBLE

Hunterian Art Gallery y Mackintosh House

En el centro del campus moderno que se extiende a lo largo de University Ave desde el edificio gótico principal de la Universidad de Glasgow está la Hunterian Art Gallery junto a una recreación de la casa que compartieron Charles Rennie Mackintosh y su mujer, Margaret Macdonald, que estaba cerca del lugar.

PLANO: P. 118 **C3**

CONSEJO
El acceso a la galería de arte y a la exposición introductoria sobre Mackintosh es gratis, pero para entrar en la Mackintosh House hay que comprar entrada.

Escanea este código QR para más información práctica.

Hunterian Art Gallery

La colección de arte del Hunterian Museum se encuentra en un edificio moderno frente al museo que forma parte del complejo brutalista de la biblioteca de la universidad construido en 1968. Aquí, el arte escocés recibe una atención especial, con obras modernas de Peter Howson, John Byrne y Joan Eardley, retratos de sociedad del s. XIX de Henry Raeburn, y los paisajes y naturalezas muertas de los Coloristas Escoceses (destaca la serie de pinturas de Iona obra de Francis Cadell).

Destacan las litografías, grabados, dibujos y pinturas de James McNeill Whistler, incluidos los retratos de cuerpo entero de su mujer, *Harmony in Red*, y de miss Ethel Philip, *Harmony in Black*. Tampoco hay que perderse los paisajes impresionistas de William MacTaggart y una joya de Thomas Millie Dow.

Mackintosh House

La construcción de la galería de arte y la biblioteca en 1968 conllevó la demolición de una fila de casas adosadas, incluida la casa que compartieron Charles Rennie Mackintosh y su mujer, la diseñadora y artista Margaret Macdonald, de 1906 a 1914. El proyecto de construcción incluía una reconstrucción de esta casa de tres plantas, con todos los elementos del interior y mobiliario originales.

ALASTAIR WALLACE/SHUTTERSTOCK ©

La entrada a la Mackintosh House (foto; *adultos/niños 10/6 £*) está en la Hunterian Art Gallery y dentro se puede apreciar el día a día y la imaginación de Charles y Margaret; ambos eran expertos en decoración interior y aquí las habitaciones son modernas incluso desde la perspectiva actual. La elegancia sutil del pasillo y del comedor en la planta baja conducen a la 1ª planta, con la preciosa sala de estar y el dormitorio en tonos blancos.

La colección Mackintosh

Los herederos de Mackintosh y Macdonald donaron en 1947 el contenido de su casa en Glasgow al Hunterian Museum, además de más de 600 dibujos, pósteres, acuarelas y otras obras de arte, algunas de las cuales están expuestas en la muestra de la planta superior junto a la recreación de otro interior de la vida de Mackintosh: el dormitorio de su casa en el nº 78 de Derngate, en Northampton.

UNA PAUSA

Desde la galería hay un paseo corto en dirección oeste hasta Ashton Lane, una callejuela llena de bares y restaurantes; los que quieran *moules frites* y cerveza tienen que ir a Brel.

CIRCUITO A PIE

Un paseo por el West End

Esta ruta recorre todos los lugares de interés de la zona oeste de Glasgow, como las calles donde ir de compras y salir a comer, además de parques, *pubs* y la universidad. Puede hacerse a buen paso para familiarizarse con la zona antes de explorarla a fondo, o dar un paseo relajado de todo un día.

INICIO	FINAL	DURACIÓN
Kelvin Bridge	Kelvingrove Gallery	3 km; 2 h

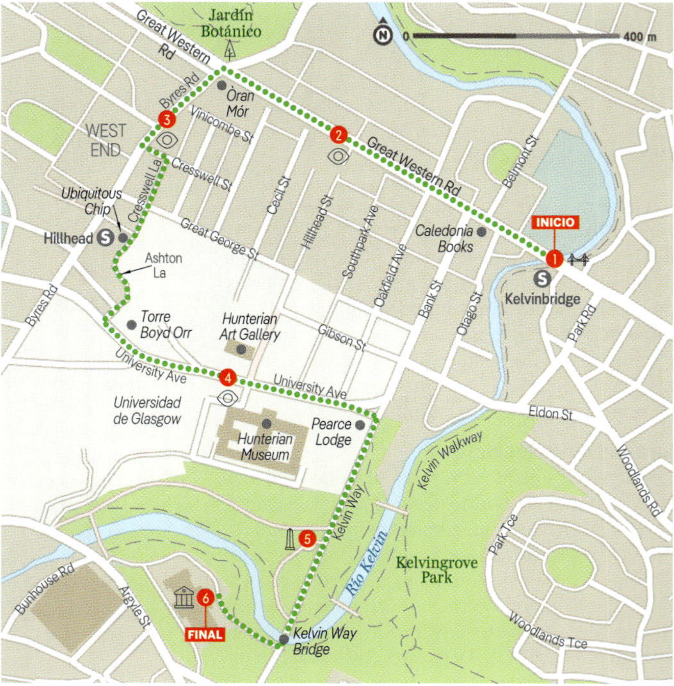

1 Kelvin Bridge

Al salir del metro hay que girar a la izquierda para cruzar el Kelvin Bridge, un puente con el león del blasón del burgo de Hillhead en el lado sur, y el escudo de armas de la ciudad en el lado norte. El puente cruza el frondoso cauce del río Kelvin, un afluente del Clyde.

2 Great Western Road

Siguiendo por Great Western Rd, se puede parar y echar un vistazo en Caledonia Books (p. 140). En la esquina con Byres Rd está Oràn Mór (p. 138), una antigua iglesia reconvertida, donde se representa al mediodía la obra de teatro *A Play, a Pie and a Pint*. Cruzando la calle se encuentra el Jardín Botánico (p. 132).

3 Barrio estudiantil

Girando a la izquierda en Byres Rd se accede al barrio universitario. A la izquierda está Cresswell Lane, llena de tiendas curiosas, y siguiendo por Great George Lane se llega a su continuación, Ashton Lane, una calle adoquinada llena de animados *pubs;* The Ubiquitous Chip (p. 132) es uno de los mejores sitios de la ciudad para comer.

4 University Avenue

Girando a la izquierda en University Ave está el campus principal de la Universidad de Glasgow. Tras la desafortunada Torre Boyd Orr levantada en la década de 1960 cambian las vistas según se sube la cuesta, con las típicas casas adosadas de piedra. A la izquierda está la moderna Hunterian Art Gallery (p. 126); a la derecha, se puede dar un paseo por los patios interiores del edificio neogótico principal de la universidad y su evocador claustro.

5 Lord Kelvin

Siguiendo cuesta abajo se pasa por el Pearce Lodge –con torretas– y su precioso portal tallado del s. XVII, una reliquia de la vieja universidad original que estaba en el East End (hoy derruida). Kelvin Way está a la derecha, una avenida peatonal con mucho verde que conduce a Kelvingrove Park, pasando por una estatua de lord Kelvin.

6 Kelvingrove Museum

Para continuar se cruza el Kelvin Way Bridge, construido en 1912 y con una fascinante colección de esculturas: cuatro grupos de esculturas de bronce: *La paz y la guerra; La navegación y la industria naval; La filosofía y la inspiración* y *El comercio y la industria.* El puente da acceso al palaciego Kelvingrove Museum (p. 120).

CIRCUITO A PIE

Hasta lo alto de Woodlands Hill

Woodlands Hill, al este del río Kelvin y con vistas de Gilmorehill y la Universidad de Glasgow, se urbanizó a mediados del s. XIX y se convirtió en uno de los barrios residenciales más ricos y de moda de la ciudad. Esta ruta explora lo que hoy sigue siendo uno de los distritos más exclusivos de Glasgow.

INICIO	FINAL	DURACIÓN
Kelvin Bridge	Inn Deep	2,5 km; 1 h

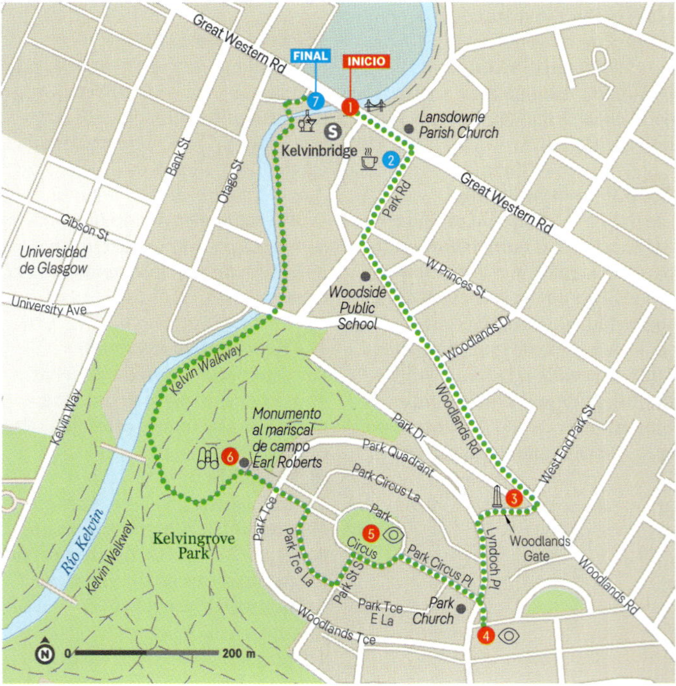

1 Kelvin Bridge

Después de salir del metro junto al Kelvin Bridge, hay que girar a la derecha en Great Western Rd. Cruzando la calle está la Lansdowne Parish Church (1863), con una torre de 66,5 m de altura, una de las más altas y estrechas de Glasgow.

2 Pausa para un café

Girando a la derecha en Park Rd está el Broken Clock Cafe, perfecto para tomarse un café. Al final de la calle hay que continuar a la izquierda para seguir por Woodlands Rd, pasando frente a los edificios victorianos de la Woodside Public School, que hoy alberga un club de comedia y el *pub* Old Schoolhouse.

3 Humor de Glasgow

En la esquina con Woodlands Gate está el monumento más extraño de Glasgow, una estatua de bronce del personaje de cómic Lobey Dosser, su caballo de dos patas El Fideldo, y su archienemigo Rank Bajin. Se trata de un tributo a su creador, el admirado dibujante de comics Bud Neill, cuyas tiras cómicas se publicaron en el periódico de la ciudad *Evening Times* desde 1949 hasta 1956. Siguiendo cuesta arriba, hay que girar a la izquierda en Lynedoch Place.

4 Torres del West End

Enfrente se ven las impresionantes torres gemelas y el campanario de influencia italiana del Old Trinity College (1856), en su origen un seminario para la educación de religiosos. A la derecha está la torre gótica de la Park Church (1856), que hoy está sola (la iglesia a la que pertenecía fue demolida).

5 Park Circus

La calle donde se encuentra la torre conduce a Park Circus, un frondoso enclave en lo alto del monte con preciosas casas georgianas inspiradas en la New Town de Edimburgo. Este fue –y continúa siendo– uno de los barrios más exclusivos de Glasgow, con propiedades que se venden por más de un millón de libras.

6 Vistas panorámicas

La Park Gate conduce hasta la parte alta de Kelvingrove Park, con vistas espectaculares que abarcan desde el valle del río Kelvin hasta Gilmorehill, con la torre gótica de la Universidad de Glasgow. El monumento ecuestre es del mariscal de campo Earl Roberts (1832-1914).

7 Inn Deep

Bajando por el Kelvin Walkway y siguiendo río arriba, se pasa por debajo del puente de Eldon St para luego cruzar un puente peatonal hasta Inn Deep (p. 140), con mesas junto al río donde disfrutar de un tentempié.

EXPERIENCIAS

La mejor cocina escocesa

SALIR A COMER

PLANO: 1 P. 118 B2

El primero en defender los ingredientes escoceses locales fue el restaurante **Ubiquitous Chip** (el nombre hace referencia irónica a la reputación culinaria de Escocia y su predilección por las patatas fritas), que añade un toque francés a platos típicos escoceses. Ronnie Clydesdale lo abrió en 1971 y en poco tiempo se convirtió en toda una institución cultural frecuentado por escritores y artistas: Alasdair Gray trabajó aquí en su novela *Lanark* y pintó murales –que siguen aquí– a cambio de comida.

El patio interior brinda el trasfondo perfecto para una de las mejores experiencias culinarias de Glasgow, y la *brasserie* de arriba ofrece precios excepcionales para una comida de calidad, con una carta más corta y económica. Hay también dos bares: el Corner Bar, de decoración *art déco,* y el Wee Whisky Bar. Si hace buen tiempo, no hay mejor lugar para disfrutar de una copa que la azotea del Chip *(diario 12.00-24.00).*

Un pantano tropical fosilizado

MARAVILLAS DE LA NATURALEZA

PLANO: 2 P. 118 A4

3 km al oeste de la Universidad de Glasgow está **Victoria Park,** creado en 1887 para celebrar el 50º aniversario de la llegada al trono de la reina Victoria. Durante su construcción se descubrieron unos tocones de árboles *Lepidodendron* fosilizados, que formaban parte de los pantanos tropicales que cubrían lo que hoy es el centro de Escocia hace 320 millones de años. En 1890 se construyó un edificio sobre el afloramiento para protegerlo y se abrió al público bajo el nombre de Fossil Grove *(fossilgrovеglasgow.org; gratis).*

En el momento de redactar esta guía se estaban llevando a cabo obras de reparación y mejora, con la idea de incrementar el horario de apertura al público. Durante este período, se puede ver los fósiles el tercer domingo de cada mes *(12.00-16.00)* entre abril y octubre.

Un jardín lleno de paz

JARDINES

PLANO: 3 P. 118 C1

Lo más bonito de pasear por el **Jardín Botánico** *(glasgowbotanicgardens.com; gratis)* de Glasgow es notar cómo el ruido del tráfico de Great Western Rd se desvanece. Cuenta con una serie de invernaderos victorianos; el **Kibble Palace** es el más impresionante, una estructura de hierro forjado y cristal de 1873 y uno de los más grandes de Gran Bretaña. También merece la pena visitar el huerto de plantas aromáticas y medicinales.

Se puede recorrer el jardín con **rutas autoguiadas** –hay folletos disponibles en el Kibble Palace– o hacer un pícnic en la hierba. También se organizan circuitos y conciertos en verano; toda la información en el tablón de anuncios a la entrada (y en la web).

Objetos de museo poco vistos

MUSEO

PLANO: 4 P. 118 B4

El **Kelvin Hall** *(glasgowlife.org.uk; gratis)* es un enorme palacio de piedra que abrió en la década de 1920 como uno de los centros de exposiciones más grandes de Gran Bretaña (2,4 Ha). Más tarde funcionó como recinto de conciertos (Elton John tocó aquí en 1972), y entre 1988 y el 2010 albergó el Museum of Transport (que hoy está en el Riverside Museum, p. 102).

Tras unas obras de renovación en el 2016, se ha convertido en un centro artístico y de ocio. Además de gimnasio e instalaciones deportivas, hay una zona con colecciones del Hunterian Museum. **Collections Showcase** y **The Avenue** –un largo pasillo que sale del vestíbulo de entrada– ofrecen muestras temporales de objetos poco vistos de las colecciones del museo almacenadas aquí. Hay visitas guiadas (45 min) del edificio *(10.30 sa; gratis)* con reserva previa.

Los patios de la antigua universidad

EDIFICIO HISTÓRICO

PLANO: 5 P. 118 C3

Fundada en 1451, la Universidad de Glasgow es, después de St Andrews, la segunda más antigua de Escocia y la cuarta del Reino Unido (tras Oxford y Cambridge). Su emplazamiento original fue el East End cerca de la catedral, pero en la década de 1879 se mudó a su ubicación actual en Gilmorehill. Desde entonces el campus principal se ha ido expandiendo por el West End entre Byres Rd y el río Kelvin, pero el núcleo central continúa siendo el edificio neogótico de 1872, con una torre central de 85 m de alto, el **Gilbert Scott Building,** que lleva el nombre de su diseñador, el conocido arquitecto George Gilbert Scott, quien también diseñó el Albert Memorial de Londres.

Se puede pasear por los elegantes patios este y oeste del Gilbert Scott Building y el **claustro** que conecta a ambos –un bosque de columnas góticas que parece el escenario de una película de Harry Potter–. Después se puede visitar el Hunterian Museum (p. 124), en la planta superior del edificio.

LORD KELVIN

William Thomson, lord Kelvin (1824-1907), fue un niño prodigio que a los 10 años comenzó a estudiar en la Universidad de Glasgow y luego llegó a patentar más de 50 inventos y publicar más de 600 artículos científicos. Fue uno de los científicos más ilustres de la historia; estableció la escala de temperatura de Kelvin, desarrolló la Segunda Ley de Termodinámica y fue clave en lograr desarrollar el primer cable de telégrafo transatlántico.

La vida en el parque PARQUE

En la década de 1850 se comenzó a construir **Kelvingrove Park** (PLANO: 6 P. 118 **D4**) a la orilla del sinuoso río Kelvin, como parque de recreo para las clases medias y altas urbanas que escapaban de la actividad industrial, contaminación y barrios pobres del centro y el East End. Las exposiciones internacionales de 1888 y 1901 se celebraron aquí, y durante la última se fundó el Kelvingrove Museum (p. 120). El parque está lleno de monumentos históricos; el más grande es la **Stewart Memorial Fountain** (PLANO: 7 P. 118 **D5**), construida en 1872 en honor a Robert Stewart, Lord Provost (alcalde) de Glasgow, que facilitó el primer suministro de agua potable a la ciudad.

El escenario de música **Kelvingrove Park Bandstand** (PLANO: 8 P. 118 **D4**), construido en 1924, tiene capacidad para 2000 personas. Aquí se han celebrado conciertos de grandes nombres como Tom Jones, Van Morrison o Texas. En el 2014 se restauró y desde entonces se celebra aquí el festival anual Summer Nights at the Bandstand *(whatsonglasgow.co.uk)*, con 12 noches de música en directo a finales de julio y principios de agosto.

Buscando un chollo en Byres Road DE COMPRAS

La zona bohemia del West End se extiende alrededor de **Byres Rd**, una calle llena de tiendas pequeñas, galerías de arte, *boutiques*, tiendas de antigüedades, cafeterías, bares y restaurantes. Los lugares más interesantes son las pequeñas callejuelas estrechas que salen de Byres Rd. Estas fueron en el pasado *mews* –como así se llamaba a la zona de los establos, cocheras y los cuartos de los sirvientes detrás de los edificios victorianos de lujo–, pero hoy se han convertido en bonitas callejuelas adoquinadas con pequeños negocios interesantes.

Lo mejor es comenzar en el norte, en **Cresswell Lane,** donde está De Courcy's Arcade (p. 141), con una ecléctica colección de pequeñas tiendas y *boutiques vintage*. En el extremo sur se puede continuar por Great George Lane, que se convierte en **Ashton Lane,** famosa por sus restaurantes y bares, con mesas en la calle. El callejón junto al restaurante Ubiquitous Chip (p. 132) conduce de vuelta a Byres Rd; cruzando la calle está la entrada a **Ruthven Lane,** otro enclave escondido lleno de tiendas de moda *vintage*, vinilos, joyería artesanal y artículos de colección.

Un festival en el West End FESTIVAL ARTÍSTICO

PLANO: 12 P. 118 **G4**

Desde sus comienzos en 1996 hasta su cancelación por la pandemia del covid en el 2020, el West End Festival fue el mayor evento artístico de Glasgow. En el 2023 se sustituyó por uno más pequeño (por ahora) pero aun así de buen tamaño: el **WestFest** *(westfest.co.uk)*, con

150 actuaciones –música, teatro, comedia y arte– en más de 60 locales de todo el West End, durante el mes de junio.

Destacan los espectáculos de *drags* en Kelvingrove Park Bandstand (p. 134), un *ceilidh* (música y baile tradicional de Escocia) al aire libre en el exterior del Kelvingrove Museum, y días de puertas abiertas en los que se pueden visitar edificios históricos que suelen estar cerrados al público, como **Arlington Baths,** una preciosa piscina victoriana y baño turco solo accesible para socios.

Los bares de 'whisky' del West End

CIRCUITO

PLANO: 13 P. 118 **G6**

Quien tenga dificultades para distinguir un Ardbeg de un Edradour puede apuntarse a un circuito con **Once Upon A Whisky** *(onceuponawhisky.co.uk; 65 £),* rutas a pie (2½ h) con guía que recorren los mejores bares de *whisky* del West End. Incluye la cata de cuatro *whiskies* de malta, con toda la información necesaria para pasar de principiante a experto en *whiskies* en poco tiempo. Entre bar y bar, el guía ofrece datos y anécdotas interesantes sobre el *whisky* y el barrio.

Los que entiendan algo más de *whisky* no se pueden perder el Bon Accord *(bonaccordpub.com),* uno de los mejores bares de *whisky* de Glasgow, con más de 500 variedades disponibles.

LOS MEJORES CURRIS DEL WEST END

En Glasgow la comunidad del sur de Asia forma el 10% de la población, por lo que no debería sorprender que la comida favorita en la ciudad (y en Escocia) sea el curri.

Mother India

PLANO: 9 P. 118 **D6**

Una de las casas de curri tradicionales de Glasgow con décadas a sus espaldas, combina calidad de la comida e innovación. Hay carta para niños.

Mother India's Cafe

PLANO: 10 P. 118 **C5**

La hermana pequeña del Mother India; es más *pub* que restaurante, pero sirve los mismos curris excelentes en porciones pequeñas.

Shish Mahal

PLANO: 11 P. 118 **F3**

El legendario lugar de nacimiento del pollo *tikka masala,* una institución en Glasgow desde 1964, regentado por tres generaciones de la misma familia.

Una noche de comedia en The Stand

OCIO

PLANO: 14 P. 118 **F3**

El sentido de humor de Glasgow es legendario –de la ciudad han salido cómicos como Billy Connolly, Elaine C Smith, Jerry Sadowitz, Susan Calman, Frankie

Boyle o Kevin Bishop entre muchos otros–. **The Stand** *(thestand.co.uk)* es un club de comedia ubicado en una antigua escuela del West End, que da espacio a nuevos talentos los martes por la noche con sesiones de micrófono abierto y con improvisación el primer lunes del mes. La noche del sábado ofrece un espectáculo especial de cinco actuaciones con los mejores cómicos locales y algún que otro nombre famoso. Hay que reservar con antelación, ya que las entradas para el sábado se agotan rápido. The Stand es uno de los clubes que forman parte del **Festival internacional de Comedia de Glasgow** *(glasgowcomedyfestival.com),* un festival de dos semanas y media durante la segunda mitad de marzo.

Un festín de comida callejera

SALIR A COMER

PLANO: 15 P. 118 **C6**

Tal vez no suene muy apetecible salir a cenar a un almacén industrial en una callejuela del West End, pero Dockyard Social *(dockyardsocial.com)* es algo especial. De viernes a domingo se llena de puestos de comida que sirven "comida casera global": hamburguesas, panes *bao,* tacos o comida tailandesa; y para beber se puede elegir entre tres bares. Hay mesas comunitarias para sentarse a comer y DJ pinchando música de fondo. Hay que comprar entrada en la web *(6 £/persona, incluida una bebida)* para un horario específico, e ir con apetito.

Explorando las raíces escocesas

BIBLIOTECA HISTÓRICA

PLANO: 16 P. 118 **G6**

Fundada en 1911 (el empresario industrial y filántropo de origen escocés residente en EE UU Andrew Carnegie colocó la primera piedra), la **Mitchell Library** *(glasgowlife.org.uk)* es la biblioteca pública de consulta más grande de Europa, con más de un millón de artículos. El edificio barroco de principios del s. XX, con su cúpula de cobre, es un punto de referencia de la ciudad. Sus bibliotecas de consulta y de préstamo, salas de lectura, ordenadores de uso público y cafetería están abiertos al público; además, cualquiera puede explorar sus posibles raíces escocesas –miles de personas emigraron de Glasgow a Inglaterra, Norteamérica, Australia y Nueva Zelanda en el s. XIX y principios del XX–. En la 5ª planta hay un registro de nacimientos, muertes y matrimonios desde 1855 hasta el presente, los registros parroquiales de la Iglesia de Escocia, registros de entierros y cremaciones, el registro electoral de Glasgow desde 1857 hasta 1962 y los archivos completos de la ciudad de Glasgow.

Localizaciones en el plano de la **p. 118**

Lo mejor para...

£ Económico ££ Medio £££ Alto

Comer

Cocina oriental

Non Viet ££
17 D1
Cafetería elegante decorada con sombreros de paja *nón-lá* y bicicletas; cocina auténtica vietnamita, la sopa *pho* es deliciosa. *nonviet.co.uk; 11.30-15.00 y 17.00-22.00 lu-vi, 12.00-22.00 sa y do*

Hanoi Bike Shop £
18 B2
En una callejuela junto a Byres Rd, ofrece cocina vietnamita con un toque creativo, ingredientes frescos y tofu casero. Los platos de *pho* son espectaculares. *hanoibikeshop.co.uk; 12.00-21.00*

Wudon ££
19 E2
Sushi, fideos y sopas de *ramen,* además de otros platos orientales en un restaurante moderno con personal amable y atento. *wudon-noodlebar.co.uk; 12.30-22.00 ma-do*

Pickled Ginger ££
20 E6
En la zona de Finnieston; sabores auténticos japoneses –*sushi, sashimi, teriyaki* y curri *katsu*– y cócteles de inspiración oriental. *pickledgingerfinnieston.co.uk; 12.00-22.00 do-ju, 12.00-23.00 vi y sa*

Cafeterías

Left Bank ££
21 E3
Excepcional, con excelentes opciones de desayuno y *brunch;* cuenta con una carta perfecta llena de ingredientes locales y de temporada, y una cocina ecléctica. *theleftbank.co.uk; 10.00-22.00*

Lagom Bakery ££
22 E2
El nombre significa "ni mucho ni poco" en sueco, pero es fácil querer muchos de sus dulces y helados. La carta de desayuno y *brunch* es excelente. *instagram.com/lagom_bakery_eatery; 8.00-17.00 lu-sa, 9.00-17.00 do*

University Cafe £
23 A3
Abierta desde 1918 con un interior que no ha cambiado mucho desde entonces y regentada por la cuarta generación de la familia italiana que la fundó, ofrece un excelente helado casero y comida típica escocesa. *instagram.com/the_university_cafe1918; 10.00-20.00*

Epicures ££
24 A2
En la zona de Hyndlan, con una terraza llena de flores y una carta con platos típicos de *brunch* como huevos Benedict o *shakshuka. epicures.co.uk; 9.00-17.00*

Brunch Club ££
25 B5
Todos los platos de *brunch* se sirven todo el día, cada día. Si se tiene resaca, nada como el *brunch* borracho, que se sirve con un Bellini y dos cócteles más. No admiten reservas. *thebrunchclub.co; 9.00-17.00*

Cocina escocesa

Stravaigin ££
26 E3
Un oasis para los aficionados a la gastronomía, con una carta exquisita y original; hay diferentes espacios repartidos por tres plantas, con un ambiente casual y relajado. *stravaigin.co.uk; 12.00-23.00*

Ox & Finch ££
27 D6
Un placer para los sentidos; platos innovadores con ingredientes escoceses e influencia de la cocina francesa y mediterránea. *oxandfinch.com; 12.00-22.00*

Number 16 ££
28 A4
Pequeño y acogedor, con una carta breve de cocina escocesa de calidad; combinación de sabores creativa pero no pretenciosa. *number16.co.uk; 12.00-14.30 y 17.30-21.00*

Bothy ££
B2 véase también 18
Mobiliario retro y diseño moderno en un restaurante con platos caseros tradicionales escoceses con un toque moderno; consigue ahuyentar la idea de que la cocina escocesa es aburrida y pesada. *bothyglasgow.co.uk; 12.00-22.00*

Cail Bruich £££
29 C1
Restaurante elegante con una ética de recolectar plantas comestibles que introduce sabores sorprendentes –de hierbas y algo picantes– a los platos. *cailbruich.co.uk; 18.30-22.00 ma-ju, 12.00-16.30 y 18.30-22.00 vi y sa*

Gannet £££
30 D6
La joya de la zona de Finnieston, con un ambiente acogedor, decoración en madera y cocina *gourmet* excelente y bien presentada; cuenta con una interesante carta de vinos. *thegannetgla.com; 17.30-21.30 mi, 12.00-14.00 y 17.30-21.30 ju-sa*

Roastit Bubbly Jocks ££
31 A4
El nombre significa "pavo asado" en escocés; un favorito de la ciudad en la parte principal de Dumbarton Rd, ofrece cocina casera escocesa con un toque especial. *roastitbubblyjocks.com; 17.00-21.30 mi y ju, desde 11.00 vi y sa, 11.00-19.00 do*

'Gastropubs'

The Finnieston ££
32 D6
Ambiente acogedor con decoración náutica que recuerda el pasado astillero de la zona; excelentes *gin-tonics* y cócteles con una carta breve de comida de *pub* de calidad en la que destacan el pescado y el marisco escoceses de origen sostenible. *thefinniestonbar.com; 12.00-22.00 lu-sa, 12.00-21.00 do*

Òran Mór ££
33 C1
Templo a la cocina y bebida escocesas en una antigua iglesia; comida de calidad en un entorno inspirado en Mackintosh; aquí se representa la obra teatral *Play, a Pie and a Pint*. *oran-mor.co.uk; 12.00-22.00*

Cocina internacional

Six by Nico ££
34 D6
Dispone de un menú degustación temático que cambia cada seis semanas, con temas muy variados como cocinas del mundo, Hollywood o la infancia. *sixbynico.co.uk; 12.00-22.00 ma-do*

Butchershop Bar & Grill £££
35 C5
Uno de los mejores lugares de Glasgow para comer un filete cocinado al gusto; carta con cortes de vacuno madurados correctamente y también

algo de pescado. *butchershopglasgow.com; 12.00-22.00 do-ju, 12.00-23.00 vi y sa*

Partick Duck Club ££
36 A3
Relajado y lejos del barullo del área de Finnieston; comida casera de calidad para desayunar, almorzar y cenar. *partickduckclub.co.uk; 9.00-21.00*

Bay Tree £
37 F2
Famoso por sus desayunos (hasta las 14.00), con muchas opciones veganas y vegetarianas, platos principales (de cocina griega y de Oriente Medio), grandes ensaladas y una buena selección de bebidas calientes. *thebaytreewestend.co.uk; 12.00-21.30 mi y ju, 12.00-22.00 vi, 10.00-22.00 sa, 10.00-21.30 do*

Five March ££
38 F5
En una calle tranquila al sur del exclusivo Woodlands Hill; alta cocina en un ambiente relajado, con platos de fusión y opciones vegetarianas. *fivemarch.co.uk; 17.00-21.00 lu-mi, 12.00-21.00 ju, 12.00-22.00 vi y sa*

Gloriosa £££
39 C5
Deliciosa cocina de influencia mediterránea (p. ej. bacalao con patatas, naranja e hinojo, seguido de *paccheri* con berenjena, tomate y mejorana) en un entorno sofisticado. *gloriosaglasgow.com; 12.00-24.00*

'Fish & Chips'

Catch ££
40 E3
Cada barrio tiene un establecimiento de *fish & chips*, y el del West End es, naturalmente, de lujo (con mesas y pedidos para llevar); tempura de gambas y flor de plátano, además del típico bacalao rebozado. *catchfishandchips.co.uk; 12.00-21.30 lu-ju, 12.00-22.30 vi y sa, 14.00-21.30 do*

Beber

Cafeterías

Ottoman Coffeehouse
41 F6
Un soplo de aire fresco entre tanta cadena de cafeterías que retrotrae al viajero a un tiempo más tranquilo, con sofás, sillones y alfombras, y un café excelente. *ottomancoffeehouse.co.uk; 9.00-19.00 ma-vi, 10.00-19.00 sa y do*

Bares

Kelvingrove Café
42 D6
Ambiente local –suelos de madera, banquetas de cuero, mobiliario elegante– con cócteles de lujo y buen servicio. *kelvingrovecafe.com; 10.00-1.00*

Brewdog Glasgow
43 B5
Deliciosa selección de cervezas artesanas de la cervecería con el mismo nombre, con cervezas nuevas y cervezas invitadas; hay opciones de degustación para probar varias; la IPA Punk es refrescante y con sabor a lúpulo. *brewdog.com; 12.00-22.00 do-ju, 12.00-23.00 vi y sa*

Brel
44 B2
Bar belga con restaurante en el invernadero y jardín donde comer cuando hace bueno; con *moules frites* en la carta. *brelbar.com; 12.00-23.00 do-ju, 12.00-1.00 vi y sa*

Hillhead Bookclub
45 C1
Bar relajado y frecuentado por estudiantes; bebidas a buen precio, comida casera, una deco-

ración interesante y mesa de pimpón. *hillheadbook club.co.uk; 12.00-24.00 lu-vi, 11.00-24.00 sa y do*

Vodka Wodka

46 B2

El sueño de cualquier bebedor de vodka, con infinidad de variedades para beber solo o en cóctel; frecuentado por estudiantes de día y grupos de veinteañeros por la noche. *vodka wodka.fun; 12.00-24.00*

'Pubs'

Jinty McGuinty's

47 C2

Auténtico *pub* irlandés, con suelos de madera, mesas cerradas, una pared de la fama literaria, un patio y actuaciones de música en directo casi todas las noches. *jintys. co.uk; 11.00-24.00 lu-sa, 12.30-24.00 do*

The 78

48 D6

Acogedor con sofás y mesas de madera, Dj los fines de semana y, a veces, música en directo; cuenta con una buena selección de cerveza. *the78.co.uk; 16.00-1.00 lu y ma, 14.00-1.00 mi-fi, 12.00-1.00 sa y do*

Inn Deep

49 E2

Fantástico *pub* a orillas del río Kelvin, con un interior único bajo el puente, mesas fuera y cervezas artesanas. *inndeep.com; 12.00-24.00 lu-sa, 12.00-23.00 do*

Comprar

Comida y bebida

Roots, Fruits & Flowers

50 E2

Tienda de flores, fruta y verduras, con un mostrador de productos orgánicos y una buena cafetería-pastelería. *rootsfruitsandflowers. com; 7.30-18.00 lu-sa, 9.00-18.00 do*

George Mewes Cheese

51 B3

Los aromas que se aprecian cerca del mostrador son deliciosos y el mejor señuelo; el personal es amable y se puede probar el queso antes de comprarlo. *georgemewes cheese.co.uk; 9.00-17.00 lu-vi y do, 9.00-18.00 sa*

Valhalla's Goat

52 E2

Una selección increíble de cervezas de pequeñas fábricas de todo el mundo; también hay vinos y dulces de chocolate artesanos. *valhallas goat.com; 11.00-20.00 lu-sa, 12.00-20.00 do*

Cottonrake Bakery

53 E2

Pastelería de barrio llena de gente local comprando el cruasán de la mañana, bollos o pan; dispone de mesas para tomarse un café admirando el arte en la pared de artistas locales. *cottonrake.com; 8.00-17.00 lu-sa, 9.00-16.00 do*

Libros y cómics

Caledonia Books

54 E2

La tienda favorita de Stuart Murdoch (del grupo Belle and Sebastian); libros de segunda mano de todo tipo en estanterías algo caóticas. *caledoniabooks.co.uk; 12.00-18.00 ma-sa*

City Centre Comics

55 B2

Parte del complejo de Ruthven Lane, tienda pequeña, pero con un inventario enorme; una buena selección de ejemplares pasados (recientes y muy antiguos). *citycentrecomics. com; 11.00-16.00 ma, ju y vi, 10.00-17.00 mi y sa, 12.00-16.00 do*

Arte y diseño

De Courcy's Arcade

56 C2

Pequeña galería comercial de dos plantas con una selección de *boutiques* de moda *vintage*, arte, menaje del hogar y más. El horario de cada tienda puede variar. *facebook.com/decourcysarcade; 10.00-17.30 lu-sa, 12.00-17.00 do*

Hidden Lane

57 D6

Junto a la zona de Finnieston, se trata de una callejuela algo escondida llena de pequeñas tiendas y estudios que merece la pena explorar. *thehiddenlaneglasgow.com; el horario varía, pero suele ser 11.00-17.00 lu-sa*

Papyrus

58 C1

Esta innovadora tienda del West End es el lugar perfecto para comprar regalos, desde joyería a menaje del hogar. *papyrusgifts.co.uk; 9.00-18.00 lu-sa, 10.30-17.00 do*

Studio

59 B2

Al final del complejo de Ruthven Lane, esta galería comercial cuenta con varias tiendas de antigüedades, diseño y productos retro. *artscraftsglasgow.co.uk; 11.00-17.30 lu-sa, 12.00-17.00 do*

Moda

Pink Poodle

60 C2

Boutique llena de color y de ropa de diseño para mujer, con prendas únicas y muchos estilos; no es barata, pero merece la pena echar un vistazo. *pinkpoodleboutique.co.uk; 10.00-17.30 lu-sa, 12.00-17.00 do*

Duds Vintage Clothing

61 C1

Es como una cueva de Aladino llena de ropa *vintage*, donde encontrar los perfectos vaqueros Levis 501 o una camiseta de Iron Maiden. *instagram.com/duds_vintage; 12.00-17.00*

CENTRAL STATION
taxi
Authorised

Guía práctica

Central Station (p. 46).
KENSOFTTH/SHUTTERSTOCK ©

Viajar en familia

Glasgow es un destino ideal para ir con niños. El transporte público es fácil de usar y la gente es simpática. Hay atracciones perfectas para niños y los restaurantes son aptos para ir en familia.

Parques para niños

Glasgow es conocida como “querido lugar verde”. Hay muchos parques públicos –a menudo junto a los principales lugares de interés turístico– donde los niños pueden divertirse: **Kelvingrove Park** (foto abajo; p. 134) en el West End, **Glasgow Green** (p. 66) en el East End y **Pollok Country Park** (p. 98) en Southside.

Comer fuera

Los restaurantes de Glasgow atienden bien a las familias; algunos *pubs*, aunque sirvan comidas, no admiten la entrada a menores; todo depende de la licencia que tengan. En *pubs* donde sí pueden entrar (suelen tener carta para niños), tienen que ir acompañados. Si no se está seguro si se puede entrar con niños, lo mejor es preguntar al camarero.

GLASGOW CON NIÑOS

Este sitio web de una madre joven residente en Glasgow es un recurso excelente, con lugares donde ir y cosas que hacer en familia.

Escanea este código QR

Carrito de bebé

Las calles de Glasgow son, en general, aptas para carritos, pero en algunas partes del centro y del West End las cuestas son empinadas.

Transporte público

Los menores de 5 años viajan gratis en transporte público, y los menores de 15 años pagan una tarifa reducida.

Precios de entrada

Los lugares que cobran entrada suelen ofrecer un precio reducido a los menores de 16 años. Casi todos los principales lugares de interés en Glasgow son gratis para niños y adultos.

DE IZDA. A DCHA.: AC MANLEY/SHUTTERSTOCK ©, SKULLY/SHUTTERSTOCK ©

Alojamiento

Glasgow ofrece un amplio abanico de opciones de alojamiento, desde hostales económicos y acogedoras pensiones a hoteles-*boutique* y de cinco estrellas.

Si te gusta...

Arquitectura, arte y compras

Merchant City (p. 71) Alojamientos de gama media con algunas opciones económicas; arquitectura victoriana clásica, buenas tiendas para ir de compras y cerca de City Halls –con conciertos de música clásica– y la Gallery of Modern Art.

Bares, música en directo y cine

Centro de Glasgow (p. 37) En Bath St y el oeste de Sauchiehall St la vida nocturna puede ser muy ruidosa, pero hay buenas opciones de alojamiento económico, con cadenas de hoteles y apartoteles; cerca de Blythswood Square hay más tranquilidad y hoteles de lujo.

IMPRESCINDIBLE

Nos encanta...

West End (p. 117) Aquí se da la mejor combinación de lugares de interés, restaurantes y bares en uno de los barrios más animados y atractivos de la ciudad. Se puede elegir entre alquileres vacacionales en las típicas casas adosadas en calles tranquilas, hoteles de alta gama o el albergue más lujoso de Escocia.

CUÁNTO CUESTA

Cadena de hoteles económicos **70 £**

Cadena de hoteles de gama media **120 £**

Hotel-*boutique* de lujo **210 £**

Mercados e historia medieval

East End (p. 55) No hay muchas opciones de alojamiento en el East End, salvo alojamiento económico a lo largo de High St –muy útil para ir a la catedral y al Barras– y algunas pensiones al este de la Necrópolis.

Parques y jardines

Southside (p. 95) La mayoría de esta zona es verde; cerca de la magnífica Burrell Collection y de la House for an Art Lover de Mackintosh (foto abajo) hay alquileres vacacionales y pensiones en calles residenciales.

Comida, bebida y fiesta

Alergias e intolerancias

Los camareros suelen preguntar sobre alergias e intolerancias, y muchas cartas incluyen información sobre el contenido de gluten, frutos de cáscara, carne o productos lácteos de sus platos.

Restaurantes vegetarianos Suele haber en toda la ciudad; casi todos los restaurantes tienen opciones vegetarianas en la carta.

Restaurantes veganos Casi tan comunes como los vegetarianos; suele haber al menos una opción vegana en la mayoría de restaurantes.

Restaurantes sin gluten Hay cada vez más; sin contaminación cruzada en la cocina.

'CHIPPIE'

La tienda de *fish & chips* o *chippie* es un clásico de Glasgow; pero aquí el pescado con patatas fritas se llama *"fish supper"*.

LA ZONA FINNIESTON

El West End es el centro de la cultura gastronómica de Glasgow; la zona alrededor de Byres Rd es uno de los epicentros de la cocina de calidad y Finnieston "Strip" (Argyle St a la altura del cruce con Kelvingrove St) está llena de restaurantes de moda. También hay excelentes opciones en Great Western Rd y Gibson St.

Curri de Glasgow

Glasgow es la capital del curri de Escocia: uno de cada 10 habitantes es de ascendencia surasiática, y la ciudad ofrece la mejor cocina india, paquistaní y bangladesí de todo el país, como **Mother India** (p. 135), **Shish Mahal** (p. 135) o **Ranjit's Kitchen** (p. 114).

Cómo pagar la cuenta

Normalmente hay que pedir la cuenta al camarero para que la traiga.

Pagar la cuenta entre varios Entre un grupo de amigos se suele dividir la cuenta a partes iguales, aunque es de buena educación ofrecer pagar más si se han pedido más platos o vino más caro.

Propina En los restaurantes se suele dejar una propina del 10%, aunque algunos añaden un cargo del 10% o el 12% a la cuenta, sobre todo a grupos grandes. En el *pub* se paga cuando se pide, aunque también se puede dejar la tarjeta e ir añadiendo a la cuenta. No hace falta dejar propina en un *pub*, salvo que el servicio haya sido excepcional.

PRECIOS

Estos son los indicadores de precios de un plato principal.

£ menos de 12 £
££ 12-22 £
£££ más de 22 £

HORARIOS

Cafeterías 8.00-17.00
'Pubs' 11.00-23.00
Restaurantes 12.00-22.00
Restaurantes de comida rápida 11.00-24.00

Salir

A la gente de Glasgow le encanta salir de fiesta y hay bares y locales para todos los gustos.

'Pubs' En esta ciudad los *pubs* son acogedores y es fácil entablar conversación con los vecinos. Suelen abrir de 11.00 a 23.00, y algunos *pubs* victorianos todavía tienen el interior de caoba y latón típico del s. XIX.

De copas Se puede disfrutar de un buen cóctel en un entorno elegante sin que resulte pretencioso; los bares de cócteles suelen abrir de 17.00 a 1.00. Entre los mejores están Kelvingrove Café y Stravaigin en el West End, Spiritualist en Merchant City, y Platform en el centro.

Discotecas Después de unas copas, la gente suele ir a una discoteca sobre las 23.00 y bailar hasta la madrugada (3.00 o 4.00 los fines de semana). Los principales clubes son Sub Club, New World, Buff Club y Polo Lounge, entre otros.

ZACH ZIMET/SHUTTERSTOCK ©

CUÁNTO CUESTA

Sándwich 3-8 £

Pinta de cerveza 3-6 £

Hamburguesa 6-12 £

Comida en un restaurante de lujo más de 80 £

Comida para dos en un restaurante medio con vino 30-60 £

Café de barista 3-5 £

Plato de comida callejera 5-12 £

'Fish supper' (pescado rebozado con patatas fritas) 9-15 £

Comunidad LGTBIQ+

La hospitalidad y simpatía de Glasgow se extiende a la escena LGTBIQ+, donde los visitantes son bienvenidos.

El triángulo rosa

La escena gay de Glasgow es la mayor de Escocia. Ubicada en unas pocas calles en Merchant City, la zona principal –conocida como el triángulo rosa– abarca desde el cruce de Wilson St con Virginia St hasta el sur de John St, con *pubs,* bares, discotecas, tiendas y un ambiente relajado de día que se torna festivo por la noche. Hay unos pocos locales más en el centro de Glasgow.

Las calles del barrio se llenan de fiesta todos los años con la marcha del Orgullo; también hay ambiente de carnaval durante el Festival de Merchant City en julio, con arte, música en directo, baile y mucha diversión.

IMPRESCINDIBLE

Librerías 'queer'

Category Is Books (Southside) es una de las única ocho librerías *queer* del Reino Unido, con una excelente selección de literatura e historia *queer.* **Calton Books** (East End) se describe como "la mejor pequeña librería radical del mundo" y tiene una formidable sección LGTBIQ+.

YATZEK PHOTOGRAPHY/SHUTTERSTOCK ©

ORGULLO

En Glasgow, la fiesta del Orgullo *(glasgow spride.org)* es un gran evento que atrae a 50 000 personas. La fecha varía, pero se suele celebrar en sábado a finales de julio.

SALUD Y BIENESTAR

LGBT Health & Wellbeing ofrece información y asesoramiento a la comunidad LGTBIQ+ de Escocia de manera gratuita.

Recursos

- **Somewhere: For Us** *(somewhereforus.org)* Revista, sitio web y *podcast* de y para la comunidad LGTBIQ+ de Escocia, sobre arte, cultura y noticias.
- **Pink News** *(thepinknews.com)* Con base en Londres, pero cubre noticias de Escocia.

Salud y seguridad

Glasgow es una ciudad segura, pero se dan casos de delincuencia común. Estos son algunos consejos sobre seguridad.

AGUA DEL GRIFO

El agua del grifo procede del Loch Katrine en las Tierras Altas y es de las mejores del mundo. Para no pagar por agua embotellada, en los restaurantes hay que pedir agua del grifo. Cada vez hay más fuentes de agua (Top Up Tap) públicas; en *yourwateryourlife.co.uk* se puede encontrar la más cercana.

Robos

Los delitos más comunes son el robo de bolsos y móviles, y las estaciones de Queen St, Central Station y Buchanan St. No hay que dejar el móvil ni el bolso sin vigilar en bares o restaurantes, ni llevar el móvil en el bolsillo trasero del pantalón y que sobresalga. Mejor tener todos los objetos de valor en la parte principal de la mochila y llevarla delante en lugares muy concurridos. No se puede dejar la mochila, bolso o equipaje desatendidos.

Seguro de salud

El servicio de sanidad es gratuito para ciudadanos del Reino Unido. Los turistas de la UE y extranjeros tienen que contar con un seguro de salud.

Hielo y nieve

En invierno son bastante comunes el hielo y la nieve, y cuando se echa sal, las aceras se convierten en grandes charcos. Si ha nevado mucho, suele haber retrasos en el transporte, y con hielo los tiempos de viaje se alargan (conviene salir más temprano).

HINCHAS FUTBOLEROS

La rivalidad futbolera en Glasgow entre los Rangers y el Celtic no es cosa de broma; es mejor no meterse en una discusión de fútbol si no se entiende bien el contexto.

A TENER EN CUENTA

Seguridad

El robo de bicicletas es muy común; mejor poner dos candados.

Privacidad

Mejor pedir permiso a la gente antes de sacar una foto (nunca de niños).

Marihuana

Si se cuenta con la documentación necesaria, es legal el uso medicinal de cannabis; el consumo recreativo es ilegal.

Turismo responsable

Estos consejos ayudan a minimizar la huella de carbono, apoyar los negocios locales y tener un impacto positivo en la comunidad local.

No a la carne

En Glasgow hay cada vez más restaurantes veganos y vegetarianos, y casi todos los restaurantes incluyen en su carta opciones vegetarianas. Si se opta por no comer carne aunque solo sea un día, se contribuye a reducir la deforestación y las emisiones de gas de efecto invernadero.

IMPRESCINDIBLE

Too Good to Go

El programa contra el desperdicio de alimentos Too Good to Go *(toogoodtogo.com)* se centra en restaurantes, con la idea de normalizar el llevarse las sobras a casa. Solo hay que pedir un táper *("doggie bag")* al camarero.

Zona de Bajas Emisiones (LEZ)

En el 2023 Glasgow introdujo una Zona de Bajas Emisiones *(glasgow.gov.uk/LEZ)* en el centro de la ciudad y Merchant City, en el interior de la carretera M8 y al norte del río. Se puede comprobar si un vehículo cumple con la regulación vigente introduciendo la matrícula en *lowemissionzones.scot*. Los vehículos históricos, con pegatina azul, motos y ciclomotores están exentos; en Escocia no se puede pagar para entrar en la zona LEZ.

Recursos

- **cyclestreets.net** Rutas para hacer en bicicleta.
- **travelinescotland.com** Herramienta esencial para el uso del transporte público.

TRANSPORTE PÚBLICO ELÉCTRICO

Glasgow tiene una flota de más de 200 autobuses eléctricos que ahorran 4,4 millones de litros de diésel y 10 000 t de CO_2 al año. La red de metro y de cercanías también es completamente eléctrica.

Compras de segunda mano

Glasgow es un paraíso para los amantes de la ropa *vintage* y otros artículos de segunda mano. El legendario mercadillo de fin de semana en el East End, **Barras Market** (p. 66; foto abajo dcha.), es una colorida mezcla de todo tipo de productos de segunda mano y ofrece un retrato muy auténtico de la ciudad. Los que tengan predilección por la moda *vintage,* antigüedades y curiosidades retro tienen donde elegir en **Byres Road** (p. 134) en el West End, con lugares como **De Courcy's Arcade** (p. 141), **Hidden Lane** (p. 141) o **Ruthven Lane.** En Merchant City está **Mr Ben** (p. 92), una de las mejores tiendas *vintage* de la ciudad, y al sur del río no hay que perderse el **Park Lane Market** (p. 115) y **Glad Rags Thrift** (p. 115).

CERVEZA DE PAN

La pionera cervecería artesana Jaw Brew de Glasgow ha instaurado un modelo de economía circular recogiendo el pan sobrante de la panadería local Aulds y utilizándolo como base para la elaboración de su galardonada cerveza Hardtack.

El cambio climático y los viajes

Es imposible ignorar el impacto de nuestros viajes y la importancia de hacer cambios. Lonely Planet anima a todos los viajeros a involucrarse en su huella de carbono. Muchas webs de líneas aéreas y sitios de reservas ofrecen la opción de compensar el impacto de los gases de efecto invernadero realizando donaciones para iniciativas respetuosas con el clima en todo el mundo.

La **calculadora de emisiones de carbono de la ONU** muestra el impacto del transporte aéreo en las emisiones del hogar.

La **calculadora de carbono de la OACI** permite calcular el CO_2 generado por cada viaje.

Accesibilidad

Transporte público

Los autobuses urbanos tienen escalones que se pueden bajar al nivel de la acera y una zona para silla de ruedas; se comparte con carritos de bebé y puede que esté llena, pero las sillas de ruedas tienen prioridad. Las estaciones y los trenes de ScotRail tienen rampas y plataformas, pero el metro no es accesible.

Accesibilidad en las calles

En el centro hay muchas zonas peatonales, como Buchanan St y Argyle St, perfectas para ir en silla de ruedas. Las aceras suelen estar en buen estado, pero al norte de Sauchiehall St las cuestas son bastante empinadas.

PERROS GUÍA

La Ley de Igualdad del Reino Unido establece que los museos, hoteles y el transporte permita el acceso de perros guía. Esta ley no incluye a los perros de apoyo emocional, pero algunos lugares permiten su entrada.

Alojamiento

Glasgow tiene muchas opciones de alojamiento accesible. Los hoteles modernos suelen tener camas y aseos accesibles en silla de ruedas, armarios bajos y puertas anchas. Lo mejor es preguntar al respecto antes de hacer la reserva.

IMPRESCINDIBLE

El lugar gratuito con más visitas del país es el **Kelvingrove Museum** (p. 120), totalmente accesible. El *parking* tiene plazas para personas de movilidad reducida. En el interior hay un mostrador con personal formado en lenguaje de signos británico, aseos accesibles y ascensores. Las galerías han sido diseñadas para facilitar su acceso con silla de ruedas, las muestras están a la altura de una silla de ruedas y la mayoría cuentan con bucles de inducción y subtítulos.

METRO SIN ACCESO

Salvo que se puedan plegar, las sillas de ruedas (y carritos de bebé) no están permitidas en el metro, ya que los vagones son pequeños y no hay suficientes ascensores.

Recursos

- **Visit Glasgow** Visit Glasgow (*visitglasgow.org.uk;* escanea este código QR) Consejos sobre cómo explorar la ciudad en silla de ruedas.
- **AccessAble** AccessAble (*accessable.co.uk;* escanea este código QR) Lista de lugares accesibles.

Lo esencial

Horario comercial

Los horarios cambian dependiendo de la época del año y la ubicación (centro de la ciudad o alrededores). Los clubes no tienen hora fija de cierre.

Bancos 9.00-17.00 lu-vi, 9.00-15.00 sa

Correos 9.00-17.30 lu-vi, 9.00-12.30 sa

'Pubs' y bares 11.00-23.00 o 12.00-24.00, algunos hasta 1.00 vi y sa

Restaurantes 12.00-22.00

Museos y galerías 10.00-17.00, 11.00-17.00 vi y do

Tiendas 9.00-18.00 lu-sa, algunas hasta 20.00 ju, 11.00-17.00 do

Hay wifi gratis en aeropuertos, centros comerciales, cafeterías y muchos restaurantes.

A TENER EN CUENTA

Hora local GMT (+1 h en verano)

Código de país +44

Código de ciudad 141

Emergencias 999 o 112

Población 632 350 hab.

ELECTRICIDAD

230V/50Hz

Fiestas oficiales

A diferencia del resto del Reino Unido, en Escocia los días festivos *(bank holidays)* solo afectan a bancos y algunas oficinas comerciales.

Año Nuevo
1 y 2 de enero

Viernes Santo
Marzo o abril

Lunes de Pascua
Marzo o abril

Día del Trabajador
Primer lunes de mayo

Día festivo de primavera
Último lunes de mayo

Feria de Glasgow
El sábado antes del tercer lunes de julio

Día festivo de otoño
Último lunes de septiembre

Navidad
25 de diciembre

Boxing Day
26 de diciembre

Pesos y medidas

Glasgow utiliza el sistema métrico, pero los *pubs* todavía utilizan la pinta (568 ml), y la leche se vende en envases de una, dos y cuatro pintas. Las distancias se miden en millas (1 milla equivale a 1,6 km).

Idioma

Lo básico

Hola.
Hello. *he·lou*

Adiós.
Goodbye./Bye. *guud·bai/bai*

Hasta luego.
See you later. *sii yu lei·tər*

Sí./No.
Yes./No. *yes/nou*

Por favor.
Please. *pliss*

Gracias.
Thank you. *zank yu*

De nada.
You're welcome. *yu ar uel·kam*

Perdón.
Excuse me. *eks·kius mi*

Lo siento.
Sorry. *so·rri*

Frases útiles

¿Hablas español?
Do you speak Spanish? *du yu spiik spa·nish*

No entiendo.
I don't understand. *ai (dont) an·dərs·tænd*

Quisiera... — **I'd like...** *aid laik*
un café — a coffee *æ ko·fi*
el menú — the menu *ðə me·niu*
dos cervezas — two beers *chu bi·ərs*
una mesa (para dos personas) — a table (for two people) *æ tei·bəl for chu pii·pol*

¿Tienen una mesa libre?
Do you have a free table? *du yu hæv æ frii tei·bəl*

Soy vegetariano/a. **I'm vegetarian.** *aim ve·yi·ti·riən*

La cuenta, por favor. **The bill, please.** *ðə bil, pliis*

¿Cuánto cuesta? **How much is it?** *hau mach is it*

¿Podría darme un recibo, por favor? **Could I have a receipt, please?** *kud ai hæv æ ri·sipt pliis*

¿Podría hablar más despacio, por favor? **Could you please speak more slowly?** *kud yu pliis spiik mor slou·li*

Por favor, lléveme a esta dirección. **Please take me to this address.** *pliis teik mi tu ðis ə·dres*

Pare aquí, por favor. **Please stop here.** *pliis stop hiər*

Números

1	2	3	4	5
one *uan*	**two** *chu*	**three** *zrii*	**four** *foor*	**five** *faiv*

Emergencias

¡Socorro! **Help!** *ḥelp*

Es una emergencia. **It's an emergency.** *its æn i·mer·yən·si*

Llamen a la policía. **Call the police!** *kol đə po·lis*

Llamen a un médico. **Call a doctor!** *kol æ dok·tər*

Me han robado. **I've been robbed.** *aiv biin robt*

Estoy perdido. **I'm lost.** *aim lost*

Avisos

Your passport, please.
Su pasaporte, por favor. *yor pas·port pliis*

The train is delayed/cancelled.
El tren está retrasado/cancelado.
đə trein iis di·leid/kan·selt

Direcciones

¿Dónde está... — **Where's...** *uers*
la estación? — the station? *đə stei·shən*
el servicio? — the restroom? *rest·ruum*
el hotel — the hotel *đə ḥo·tel*
el restaurante — the restaurant *đə res·tə·rant*
la oficina de turismo — the tourist office *đə tu·rist o·fis*
el cajero automático más cercano? — the nearest ATM? *đə nii·rest ai·ti·em*

¿Perdón, puede ayudarme, por favor?
Could you help me, please? *kud yu ḥelp mi pliis*

¿Cómo se puede ir?
How can I get there? *ḥau kæn ai get đer*

¿A cuánta distancia está?
How far is it? *ḥau far is it*

'GLASWEGIAN'

El inglés es el idioma oficial y mayoritario en Escocia, y el que se habla en todo Glasgow. En Glasgow, puede que se note un acento local muy marcado, conocido como *glaswegian*, con giros y pronunciación que a veces resultan desafiantes incluso para hablantes nativos de inglés.

Señalización

Entrance **Entrada**
Exit **Salida**
Open **Abierto**
Closed **Cerrado**
Information **Información**
Prohibited **Prohibido**
Restroom **Servicio**
Men **Hombres**
Women **Mujeres**

6	7	8	9	10
six	**seven**	**eight**	**nine**	**ten**
siks	*se·ven*	*eit*	*nain*	*ten*

Índice

Puntos de interés p. 000
Págs. de los planos **p. 000**

Véase también los subíndices:
Comer p. 158
Beber p. 159
Comprar p. 159

Comer

Beber

Comprar

La opinión del lector

Nos encanta escuchar a los viajeros, ya que con sus comentarios nos ayudan a mejorar nuestros libros. Podéis escribirnos a lonelyplanet.com/contact; leemos todos los mensajes y garantizamos que estos lleguen a los autores.

Nota: Es posible que algunos fragmentos de estos mensajes aparezcan en nuevas ediciones de las guías Lonely Planet, en la web o en productos digitales. Si preferís que vuestro contenido o nombre no sean publicados, por favor, indicadlo claramente. Para obtener una copia de nuestra política de privacidad, podéis visitar lonelyplanet.com/legal.

geoPlaneta
Av. Diagonal 662-664, 08034 Barcelona
www.geoplaneta.com – www.lonelyplanet.es

Lonely Planet Global Limited
Lonely Planet Global Limited, Digital Depot,
The Digital Hub, Dublín D08 TCV4, Irlanda
www.lonelyplanet.com
Contacta con Lonely Planet en: lonelyplanet.com/contact

Glasgow de cerca
1ª edición en español – octubre del 2025
Traducción de *Pocket Glasgow*, 3ª edición – junio del 2025

Editorial Planeta, S.A.
Av. Diagonal 662-664, 7º. 08034 Barcelona (España)
Con la autorización para la edición en español de Lonely Planet Global Limited, Digital Depot,
The Digital Hub, Dublín, D08 TCV4, Irlanda

ISBN: 978-84-08-30720-4
Depósito legal: B. 4.059-2025
Impresión y encuadernación: Unigraf
Printed in Spain – Impreso en España